Highway Network Operation Management Manual of Yunnan Transportation Investment Construction Co., Ltd

云南省交通投资建设集团有限公司
高速公路路网运行管理手册

《云南省交通投资建设集团有限公司高速公路路网运行管理手册》编委会　编著

人民交通出版社股份有限公司

北　京

内 容 提 要

本管理手册共分六章,内容包括管理机构、路网运行监测管理、出行服务管理、应急管理、路网运行安全保障和网络安全管理。

本管理手册可作为高速公路路网运行管理人员参考用书,也可作为高速公路运营管理单位相关机构的决策与管理人员的参考书。

图书在版编目(CIP)数据

云南省交通投资建设集团有限公司高速公路路网运行管理手册/《云南省交通投资建设集团有限公司高速公路路网运行管理手册》编委会编著.—北京:人民交通出版社股份有限公司, 2019.12

ISBN 978-7-114-16112-4

Ⅰ.①云… Ⅱ.①云… Ⅲ.①高速公路—公路网—运营管理—云南—手册 Ⅳ.①F542.874-62

中国版本图书馆 CIP 数据核字(2019)第 281299 号

Yunnan Sheng Jiaotong Touzi Jianshe Jituan Youxian Gongsi Gaosu Gonglu Luwang Yunxing Guanli Shouce

书　　名:云南省交通投资建设集团有限公司高速公路路网运行管理手册
著 作 者:《云南省交通投资建设集团有限公司高速公路路网运行管理手册》编委会
责任编辑:郭晓旭
责任校对:赵媛媛
责任印制:刘高彤
出版发行:人民交通出版社股份有限公司
地　　址:(100011)北京市朝阳区安定门外外馆斜街 3 号
网　　址:http://www.ccpress.com.cn
销售电话:(010)59757973
总 经 销:人民交通出版社股份有限公司发行部
经　　销:各地新华书店
印　　刷:北京虎彩文化传播有限公司
开　　本:787×1092　1/16
印　　张:4.5
字　　数:97 千
版　　次:2019 年 12 月　第 1 版
印　　次:2019 年 12 月　第 1 次印刷
书　　号:ISBN 978-7-114-16112-4
定　　价:50.00 元
(有印刷、装订质量问题的图书由本公司负责调换)

《云南省交通投资建设集团有限公司
高速公路路网运行管理手册》

编　委　会

领导小组： 孙乔宝　张之政　张从明　曹锡辉　尹兴国

张　云　赵栋琪　伍乾坤　苏本文　许文祥

编写人员： 孙秀珍　许宏科　于加晴　田蔚楠　盛　刚

孙　涛　徐　靳　罗　方　杨晓寒　杨云坤

王　蕾　向鹏程　宛　波　罗少康　张　熵

张　寅

参编单位： 云南省交通投资建设集团有限公司大数据服务中心

北京交科公路勘察设计研究院有限公司

长安大学

序　言

智慧高速公路是大数据时代的高速公路新动态。它基于智慧理念，运用互联网、物联网以及云计算等先进技术，通过对高速公路核心系统各项关键信息的感知、分析、挖掘来响应高速公路使用者和管理者的各类需求，从而实现高速公路行业的健康、和谐、可持续发展。实现智慧高速公路是一个不断发展、不断完善的过程，是不断利用新技术、新手段、新机制、新体制，对各类资源进行科学配置，实现智慧管理和智慧服务。

路网运行管理是智慧高速发展中的重要环节，其核心在于整合资源、统一平台、共建共享、协同管理、智慧服务。开展路网运行管理的相关管理研究，包括路网运行监测、出行服务、应急处置、路网运行安全保障和网络安全管理，对促进高速公路路网运行的信息化和智能化水平具有重要意义。

为了培养适应智慧高速公路发展的高素质、高技能应用型专业人才，适应高速公路路网运行业务相关工作的能力要求，根据云南省交通投资建设集团有限公司出台的相关管理制度，我们编写了《云南省交通投资建设集团有限公司高速公路路网运行管理手册》。该手册共分为六个章节：第一章为管理机构简介；第二章、第三章、第四章分别为路网运行监测、出行服务和应急管理；第五章为路网运行安全保障，包括交通流诱导、路网运行设备维护以及主体养护管理；第六章为网络安全管理。

在本手册的撰写与出版过程中，得到了行业内诸多领导、专家、老师们的关心与支持，在此深表感谢！

该手册可供高速公路路网运行管理人员使用，也可供高等院校相关专业的研究生、本科生及研究者参考。

编　者

2018 年 6 月

目　录

第一章 管理机构

第一节 云南省交通投资建设集团有限公司

一、集团公司简介

云南省交通投资建设集团有限公司(简称:云南交投集团)是以原云南省公路开发投资有限公司为基础,于2017年8月经省人民政府批准成立的省属国有大型企业。云南交投集团是云南省综合交通运输领域及相关产业国有资本投资运营的主力军,是服务“社会资本入滇”和承接综合交通投融资的大平台,担负着促进云南综合交通运输产业转型升级、持续全面发展,服务国家及云南发展战略,助推云南跨越发展和全面建成小康社会的光荣使命和重大责任。

云南交投集团注册资本金54.81亿元,资产总额超过3500亿元,企业主体信用等级为AAA级,是全省资产总量最大的投资商和交通服务网络最广的运营商。集团公司管养全省高速公路3634km,占全省高速公路总里程的70%,水运投资占全省水运投资的80%,产业涵盖公路、水运、航空、铁路等大交通投资建设、运营管理、交通大数据资源开发运用和交通金融等领域。集团公司按照投资、建设、规划设计、监理咨询、运营管理、经营开发、物资贸易、后勤服务、交通科技、金融服务10个业务板块成立了14个二级全资子公司和1个财务结算中心,拥有职工2.6万人。

集团公司拥有公路施工总承包一级,市政公用工程施工总承包一级,公路交通工程(公路机电工程)专业承包一级,公路交通工程(公路安全设施)专业承包一级,工程勘察综合类甲级,公路、市政、建筑行业设计甲级,工程招标代理机构资质证书(甲级),公路工程监理甲级、公路机电工程专项监理、公路水运工程试验检测机构等级证书(公路工程综合甲级)等150余项资质。荣获国家级科技进步二等奖2项,省部级科技进步奖79项。荣获全国“五一劳动奖状”。

在云南省经济社会全面发展的进程中,云南交投集团以交通运输投资建设为基础,以协调各种交通方式科学发展为落脚点,以交通运输智能化、现代化为方向,积极参与并统筹衔接铁路、航空、水路等交通运输领域,着力完善云南交通基础设施网络布局,更好地服务云南经济社会发展。

站在新时代、新起点,云南交投集团秉持“交融通达,共赢共享”的愿景,继续发挥好引进和对接社会资本绿色大通道作用,广泛借资、借智、借力,依靠多方力量加快推进云南综合交通投资建设,主动履行国有企业的社会责任,努力构建通畅和谐的交通环境,更加主动地融入“一带一路”、长江经济带、南亚东南亚辐射中心建设,助推云南跨越发展,同时为周边友邦共同发展贡献力量。

二、运行管理现状介绍

(一)路网现状与规划建设

交通运输是国民经济和社会发展的基础性、先导性产业,是合理配置资源、提高经济运行质量和效率的重要基础,是连接生产、流通、分配、消费诸环节的纽带。高速公路是交通运输重要的基础性设施。

云南省山川河流密布,地形地貌十分复杂,工程建设困难,使高速公路发展受到一定限制。在这种情况下,高速公路运输承担着云南省大部分运输量,不仅承担着"面上"基础性运输,在运输大通道中也承担着较多的中长途运输。因此,高速公路基础设施的发展和建设,对云南省社会经济发展至关重要。

近十多年来,特别是2012年以来,云南省高速公路快速发展,高速公路建设取得较大成就,截至2016年年底,通车里程达4100多公里。自2012年起,云南省相继做出"三年攻坚五年会战"和"能通全通"攻坚战的战略部署,确保到2020年,云南125个县市区通高速公路,实现通车里程达1万公里的目标。

为主动融入和服务国家"一带一路"建设,将云南建成面向南亚东南亚辐射中心,云南规划了"七出省、五出境"通道、滇中城市经济圈环线、125个县域高速公路"能通全通"的高速公路建设规划网。着力构建"互联互通"交通运输支撑体系。"七出省"通道分别是昆明经攀枝花至成都通道,昆明经水富至重庆通道,昆明经富源至贵阳通道,昆明经普立至遵义通道,昆明经罗平至兴义通道,昆明经富宁至百色通道,大理经德钦至芒康通道。"五出境"通道则分别是昆明经磨憨至泰国曼谷公路通道,昆明经河口至越南河内公路通道,昆明经瑞丽至缅甸皎漂公路通道,昆明经腾冲至印度雷多公路通道,昆明经清水河至缅甸皎漂公路通道。

(二)云南交投路网运营管理现状

云南交投集团是省属国有重要骨干企业,也是云南省高速公路建设管理运营的主力军。截至2018年5月,云南交投集团运营管理高速公路47条、一级公路2条,运营管理里程超过3500km,占云南省高速公路通车里程75%以上。运营管理收费站225个、服务区196个(不含新改扩建的),MTC(Manual Toll Collection System)车道1300多条,ETC(Electronic Toll Collection)车道380多条。

以智慧高速建设为统领,推进高速公路路网信息化建设,截至2018年5月,公司建成高密度监控路段37条,实现联网视频近10000路,移动车载视频56套,手持终端23套。实时数据监测方面,现有道路交通量检测设备245套,事件检测41套,气象检测21套,以及隧道、收费站布设的检测设施设备。

第二节 云南交投集团运营管理有限公司

一、运营管理有限公司简介

2017年8月,集团公司为深化管理体制改革,构建战略型集团管控体系,进一步明晰集团公司各层级职能定位和管理关系,强化高速公路运营管理职能,以9个管理处(昆明东、昆明西、大理、保山、曲靖、昭通、普洱、红河、文山)和大数据服务中心为基础,出资组建云南交投集团运营管理有限公司(以下简称"运管公司")。

运管公司于 2017 年 12 月 28 日注册成立，注册资本金 1 亿元，是集团公司出资设立的全资子公司。

按照集团公司授权及项目公司委托，运管公司运营管理收费公路（不含大昭公司）47 条（集团公司 39 条，项目公司 8 条）、高速公路里程 3319km，占全省高速公路里程的 66%。公司管养桥隧 8764 座 1880km（其中桥梁 8215 座 1426km，隧道 549 座 454km；特大桥 117 座 167km，特长隧道 25 座 89km）；管理一线收费站 221 个，隧管站 48 个，ETC 发行点 45 个，充值点 22 个；共设置 ETC 车道 394 条，MTC 人工车道 1342 条；共有人员 10098 人，其中管理人员 1042 人，生产人员 9056 人。

二、运管公司职能

运管公司是集团公司所属二级单位之一，主要负责落实集团公司高速公路运营管理，从事高速公路运营管理业务。运管公司职能如下：

（1）根据集团公司的运营管理委托，从事运营管理高速公路通行费征收等业务，确保“应收尽收”，履行“收好费、养好路、保畅通”的职责，抓好优质文明服务。

（2）承担运营管理高速公路的养护管理，路产路权维护；系统网络建设、维护，数据管理及系统网络安全管理，智慧高速建设，智慧交通信息服务等工作；做好地方关系协调工作，确保运营高速公路的完好、安全、通畅。

（3）负责运营管理高速公路范围内的服务区、停车区、加水站等服务水平、服务质量的监督管理工作，车辆救援服务工作。

（4）ETC 发行、运营、维护、服务业务，拓展 ETC 增值业务。

（5）履行集团公司应急指挥中心职能，承担集团公司突发事件应急委员会办公室日常工作。

（6）面向外部市场，拓展集团公司以外高速公路运营管理服务业务、相关经营业务，拓展经营空间。

（7）负责集团公司交办的其他工作。

三、运管公司机构职能

运管公司设党委、董事会、监事会、经理层。机关设办公室、党群人事部（纪委办公室、法务监审部合署办公）、资产财务部、收费管理部、养护管理部、服务质量监管部、安全管理部、市场拓展部等职能部门。其管辖内包括 9 个管理处和 1 个大数据服务中心。运管公司组织机构如图 1-1 所示。

（一）大数据服务中心

1.运行监测

（1）负责公司高速公路联网网络的管理工作，保障公司高速公路联网网络的正常运行，对通信、网络设备进行巡检和监测，做好通信和网络规划。

（2）协调指挥部、施工单位、管理处、设备厂商按要求对产品进行升级，通过视频联网工作接入公司统一的视频监控平台。

（3）负责公司范围内 ETC 车道通过率、监控视频完好率、交通分流情况统计工作，并做好故障分析和技术支持。

（4）负责综合管理服务平台及其子平台（云南高速通、视频监控平台、收费营运分析、收费稽查系统、机电运维平台）基础信息采集和整理、软件需求分析和确认、安装部署和培训、技术支撑和保障。

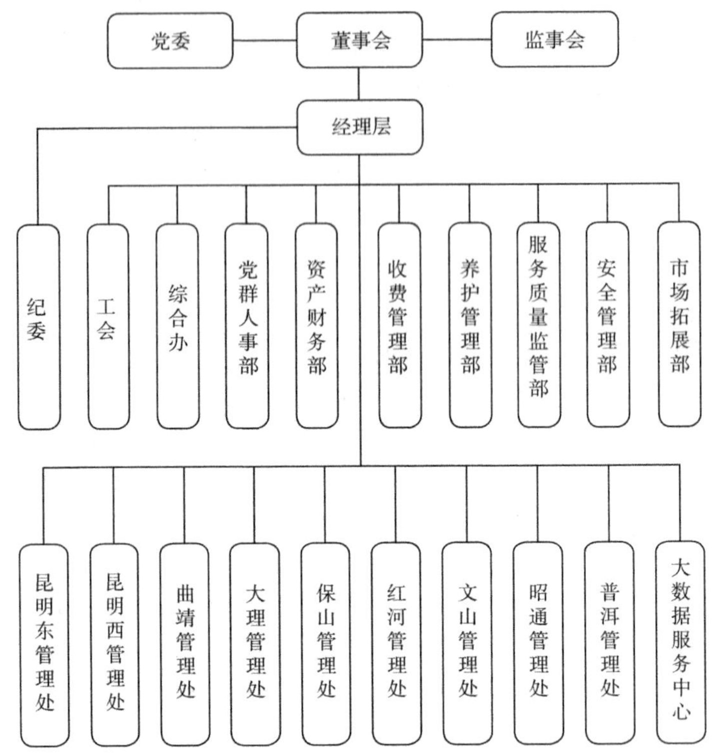

图 1-1　云南交投集团运管公司组织机构

（5）根据省厅和公司的要求，负责做好信息化调研、规划和统计工作。

（6）参与公司部分高速公路机电联合设计，根据新建高速公路实际情况为各高速路段规划 IP 地址。

2.出行服务

（1）负责实时掌握高速公路网运行状态，第一时间收到事件预警和事故信息。

（2）负责发布对公众公路出行具有参考作用的路径规划、实时路况信息、占路施工信息、公路气象信息、预报预警信息、交通诱导信息等。

（3）借助公路沿线信息发布设施、互联网站、交通服务热线、广播电视、多媒体查询终端、车载终端、移动智能终端、短信服务平台、微信等多种信息服务手段，信息内容需满足公众对公路交通“出行前”和“出行中”不同阶段的需求。

3.应急处置

（1）承担公司总值班室职能。实行 24h 值班制度，负责公司管辖范围内突发事件信息的收集、分析、汇总、报送工作。

（2）承担公司范围内各路段通行情况等信息统计、汇总、分析、报送和发布管理工作；负责出行服务、ETC 业务咨询等工作，同时做好相关业务的建议及投诉的收集、反馈工作。

（3）依据公司突发事件信息管理制度，监督、指导各管理处监控中心工作。

（4）负责在突发事件应急状态下，收集、报送灾情信息；负责公司所属各单位应急办、交通运输厅应急办日常工作的对接。

(5)负责拟定、修订、规范公司突发事件信息报送制度；负责拟订、修订、完善公司突发公共事件应急预案及各专项应急预案，并报请应急委员会审定；按要求制定公司层级的应急演练方案。

4.运行维护

(1)履行辖区内养护管理职责，包括巡查、组织、实施、监督管理，履行养护质量安全管理职责，执行上级有关政策和规定，代表公司行使养护管理“业主”职能，是“管”的主体，确保大数据服务中心运营状况“畅、安、舒、美”。

(2)接受审计，按时提供送审资料，并对审计认定结果负责。

(3)接受公司对养护管理的监督、检查、考核，确保技术指标满足相关要求。

(4)代表公司行使业主职能，按照《云南省公路养护工程施工招标投标管理暂行规定实施细则》招标确定养护承包人。

(5)负责编制大数据服务中心的年度计划。根据公司下达的“预计划”编制季度计划、月计划并上报公司。

(6)负责按照合同约定，督促承包人(从事勘察、设计、监理、施工、检测、咨询、材料供应等)履行合同义务，加强工程质量、安全、进度、水保、环保及投资控制。

(7)根据承包人的计量申请，配合公司及时办理计量(结算)，不得截留、挪用养护资金。

(8)负责对参与专项工程的方案、设计和预算进行初步审查，出具审查意见，报公司审批后实施。及时进行结算、初步验收、报请公司验收、接受审计等工作。

(9)负责大数据服务中心应急指挥系统设施设备的巡检，建立健全巡检工作记录和台账。

(10)推广应用新技术、新设备。积极开展养护科研项目的立项报批和研究工作。

5.联网收费

(1)负责云通卡及电子标签采购、招标、号段申请、加密、申领发行、返修、投诉处理等管理工作；做好与省联网中心的联网收费相关业务协调处理、各类报表报送工作。

(2)负责各管理处及第三方合作单位 ETC 电子收费服务中心发行点及充值点的业务指导、检查、培训等工作。负责第三方合作单位 PSAM 密钥卡安全管理及劳务费支付的审核工作。

(3)负责公司 ETC 线上充值系统业务指导，及时纠正各网点的错误。

(4)负责完成公司范围内高速公路现金、非现金通行费的拆分、通行费收入数据的完整性校验、清分结算、车辆通行费及车流量统计等工作，并形成征费业务报表的编制和报送工作；为上级部门或公司提供征费数据查询、统计工作。

(5)负责核对省联网中心出具的现金、非现金划拨报表、非现金通行费资金归集确认及编制现金、非现金资金划拨表上报公司。

(6)负责收费运营分析系统的需求分析管理，并将分析情况报公司相关处室；做好收费稽查系统的需求、数据分析管理，将可疑信息及时提供各管理处。

(7)承担云通卡和电子标签工本费的管理工作。

(8)承担各电子收费服务中心、充值点、第三方代理发行点云通卡充值资金收入的核对、归集及云通卡消费资金拆分后的资金划拨管理工作。

(9)承担滇西、滇南联网区域收费站通行费收入核对、归集及拆分后资金划拨管理工作。

6.网络安全管理

(1)统一领导、分级管理、逐级负责,遵循"谁主管谁负责,谁运行谁负责,谁使用谁负责,管业务必须管安全"的原则,严格落实网络与信息系统安全责任。

(2)负责监督各单位、各部门落实本单位、本部门网络与信息系统安全管理工作,负责梳理网络与信息系统安全管理工作内容、安全风险防控重点,制定相应的安全防护措施和安全管理制度。

(二)管理处

(1)根据运管公司的运营管理委托,从事运营管理高速公路通行费征收等业务,确保"应收尽收",履行"收好费、养好路、保畅通"的职责,抓好优质文明服务。

(2)承担辖区内运营管理高速公路的养护管理,路产路权维护;系统网络建设、维护,数据管理及系统网络安全管理,智慧高速建设,智慧交通信息服务等工作;做好地方关系协调工作,确保运营高速公路的完好、安全、通畅。

(3)负责辖区内运营管理高速公路范围内的服务区、停车区、加水站等服务水平、服务质量的监督管理工作,车辆救援服务工作。

(4)负责辖区内 ETC 发行、运营、维护、服务业务,拓展 ETC 增值业务。

(5)履行所辖运营管理公路的属地应急管理工作职能。

(6)面向外部市场,拓展公司以外高速公路运营管理服务业务、相关经营业务,拓展经营空间。

(7)负责公司交办的其他工作。

第二章　路网运行监测管理

本章主要包括运行监测的组织机构、机构职能及工作职责、工作流程规范及相关工作人员的奖惩等内容。路网运行监测管理的宗旨是协调相关工作人员，保障公司高速公路路网的正常运行，对通信、网络设备进行巡检和监测，做好通信和网络规划。

第一节　路网运行监测组织机构

一、组织机构图

运行监测组织机构包括省中心（应急指挥中心）、区域监控中心，以及路段监控中心和桥隧管理站，其组织机构图如图 2-1 所示。

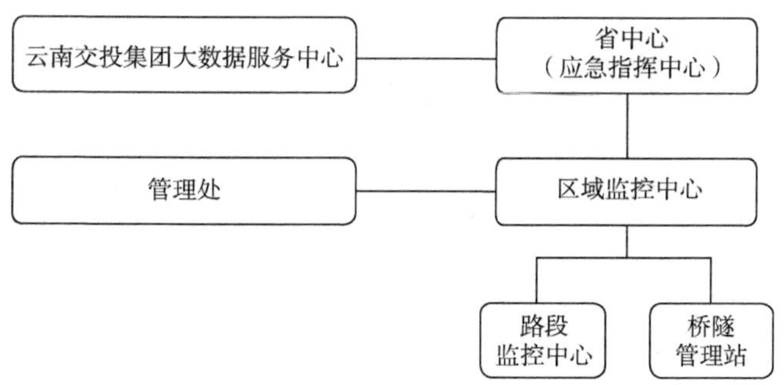

图 2-1　路网运行监测管理组织机构图

二、机构职能

（一）省中心（应急指挥中心）

（1）建立视频巡查制度，充分利用监控视频对收费站、隧道、道路、服务区、特殊路段等运行情况进行巡查，强化路网运行监测工作。

（2）充分使用智慧高速综合管理服务平台、视频监控、GIS（Geographic Information System）等系统对路网运行情况进行监测，发现异常及时处置。

（3）监督、指导管理处使用智慧高速综合管理服务平台及联勤联动机制做好事件信息的收集、报送、跟踪、处置工作。

（4）结合道路运营信息获取渠道、时间，监督、指导管理处区域应急指挥中心做好路网运行监测工作。

（5）管理处区域中心报送的事件信息，要快速通过监控视频或管理处进行核实，确保信息的及时、准确。

（6）贯彻落实上级政府（部门）有关法律、法规和各项规章制度，根据运管公司对业务范围内运营管理的有关规定，建立和健全相关管理制度和业务操作规程，并认真组织实施。

(7)承担集团公司总值班室职能。实行24h值班制度,负责公司范围内突发事件信息的收集、汇总、处置、报送工作。

(8)负责与各管理处区域中心日常工作的对接,及时传达相关指令和上报相关工作情况。

(9)监督、指导各管理处区域中心做好路网运行监测及道路运营信息报送、处置等工作。

(10)定期对道路运营数据信息进行综合分析,为提升道路畅通水平提供数据依据。

(11)负责运管公司监控中心的讲解工作,完成上级交办的其他工作。

(二)管理处区域监控中心

(1)建立视频巡查制度,充分利用监控视频对辖区内收费站、隧道、道路、服务区、特殊路段等运行情况进行巡查,强化路网运行监测工作。

(2)充分使用智慧高速综合管理服务平台、视频监控、GIS等系统对路网运行情况进行监测,发现异常及时处置。

(3)监督、指导辖区内路段监控中心和桥梁、隧道监控中心使用智慧高速综合管理服务平台、联勤联动机制做好事件信息的收集、报送、跟踪、处置工作。

(4)结合道路运营信息获取渠道、时间,监督、指导辖区内路段监控中心和桥梁、隧道监控中心做好路网运行监测工作。

(5)强化信息员管理制度,拓宽信息获取渠道。各管理处须在所属的管理处机关、分处、收费站、隧管站、服务区、养护单位等安排信息员落实信息收集、报送工作。

(6)负责管理处辖区内路网运行监测工作。实行24h值班制度,负责各管理处辖区内信息的收集、报送、处置、发布工作,并按公司信息报送相关规定及时向运管公司应急指挥中心报送信息。

(7)负责与管理处征费、养护、安全、经营等业务部门及地方政府、安监、公安、交警、路政、气象、交通、国土等部门建立信息互通机制。

(8)负责管理处与路网监测中心日常管理工作指令的传达。

(9)监督、指导辖区内路段监控中心和桥梁、隧道监控中心做好路网运行监测及道路运营信息报送、处置等工作。

(三)路段监控中心及桥隧管理站

1.路段监控中心

(1)建立视频巡查制度,充分利用监控视频对辖区内收费站、隧道、道路、服务区、特殊路段等运行情况进行巡查,强化路网运行监测工作。

(2)充分使用智慧高速综合管理服务平台、视频监控、GIS等系统对路网运行情况进行监测,发现异常及时处置。

(3)使用智慧高速综合管理服务平台、联勤联动机制做好所辖路段突发事件信息的收集、报送、跟踪、处置工作。

(4)路段监控中心是收费业务管理中数据、视频、信息等资料的集成枢纽中心,要对监控数据资料进行规范化管理。

(5)充分利用收费稽核、营运分析等业务系统,做好收费管理工作。

(6)贯彻落实上级政府(部门)有关法律、法规和各项规章制度,根据运管公司对业务范围内运营管理的有关规定，建立和健全相关管理制度和业务操作规程，并认真组织实施。

(7)通过监控系统对各收费站收费工作进行实时监督、指导，负责收费作业违规违纪情况的发现、汇总、调查、核实、整理、分析等工作。

(8)各路段监控中心设置高速公路24h投诉电话，受理围绕高速公路收费情况、服务质量及路况信息等相关内容的社会咨询和投诉，给予解答或及时转送相关业务部门办理。

(9)定期形成监控报告报主管上级部门，内容包括各站违规违纪情况统计、核实情况、信息报送、案例分析、先进典型、注意事项等。

(10)定期对监控中心设备设施运行状态进行检查，发现故障及时报修。

(11)完成上级交办的其他工作。

2.桥隧管理站

(1)建立视频巡查制度，充分利用监控视频对辖区内桥梁和隧道运行情况进行巡查，强化路网运行监测工作。

(2)充分使用视频监控、环境监测、健康监测等系统及日常巡查对桥梁、隧道运行情况进行全方位监测，发现异常及时处置。

(3)使用智慧高速综合管理服务平台、联勤联动机制做好所辖桥梁、隧道突发事件信息的收集、报送、跟踪、处置工作。

(4)贯彻落实上级政府(部门)有关法律、法规和各项规章制度，根据运管公司对业务范围内运营管理的有关规定，建立和健全相关管理制度和业务操作规程，并认真组织实施，完善应急预案，细化操作规程，做好原始记录，保存整理档案。

(5)通过桥梁或隧道的视频监控、健康监测、环境监测等系统，对管辖的桥梁或隧道运行情况进行24h不间断监管，如发现异常，及时按相关规定进行处置。

(6)定期对管辖桥梁或隧道进行巡查、检查及隐患排查，发现问题，及时按相关规定进行处置。

(7)承担所辖路段路网运行监测工作，按规定向区域应急指挥中心报送道路运营信息。

(8)定期对监控中心及外场设备设施运行状态进行检查，发现故障及时报修。

(9)定期形成桥梁、隧道运行情况报告报上级部门，内容包括信息数据统计、运行特征、案例分析、先进典型、注意事项等。

(10)完成上级交办的其他工作。

三、路网运行监测岗位职责

(1)对管辖范围内路网运行状态进行实时监测、协调管理，并对管辖范围内发生的突发事件进行预测预警和应急处置。

(2)负责辖区内视频监控巡视，充分利用监控视频对收费站、隧道、道路、服务区、特殊路段等运行情况进行巡查，强化路网运行监测工作。

(3)负责监测点采集数据的收集与存储。

(4)对监测点实时数据进行加工、分析和统计，汇总路网运行监测统计和分析信息。

(5)利用收集和共享的公路气象、地质灾害数据进行分析与预测，提供中短周期内的路网运行态势分析及影响预测服务，并对路网可能发生的突发事件进行预测分析并进行预警。

(6)充分使用智慧高速综合管理服务平台、视频监控、GIS等系统对路网运行情况进行监测，发现异常及时处置。

(7)负责辖区范围内突发事件信息的收集、汇总、处置、报送工作。

(8)负责日常工作的对接,及时传达相关指令和上报相关工作情况。

(9)定期对道路运营数据信息进行综合分析,为提升道路畅通水平提供数据依据。

(10)完成上级交办的其他工作。

第二节　路网运行监测工作内容

一、路网运行监测内容

路网运行监测涉及的信息内容主要包括公路基础信息、公路应急资源信息、公路网运行信息及公路阻断信息四部分内容。

(一)公路基础信息

公路基础信息包括路基、路面、桥梁、隧道等基础设施信息,收费站、服务区、停车区等附属设施信息,以及路线编号、路线名称、路段名称、技术指标和管理单位等公路管理信息。

(二)公路应急资源信息

公路应急资源信息包括应急物资储备情况、应急管理机构以及应急队伍配置情况等。其中,应急物资储备情况应包括储备库名称、地址、级别、主管单位、所在地市、所在区县、经度、纬度、负责人、值班电话、应急值班电话、传真、库容、库容单位、物资类别、物资名称、数量、计量单位、更新时间等。

(三)公路网运行信息

公路网运行信息包括交通运行数据、视频图像数据、基础设施运行数据、公路交通突发(阻断)信息和路网环境信息等。公路网运行信息监测方式包括从路网监测点自动采集、人工采集以及从相关部门共享获取等。

(1)交通运行数据,包括:

①断面交通量数据:指实测通过公路主线及节点的断面车辆数。其中,收费站交通量数据应包含车辆出入收费站时间、地点、行驶里程等。

②车辆速度数据:指实测公路主线及节点的地点车速(含方向)和时间平均速度等。

(2)视频图像数据主要包括各公路主线,以及互通立交、桥梁、隧道、收费广场、服务、停车区、治超站点等公路节点的视频图像。

(3)重要基础设施运行数据,主要包括桥梁、隧道、互通立交等重要公路基础设施运行的监测数据,以及服务区、卫生间、加油站、餐饮和购物等相关信息。

(4)路网环境信息,包括:

①环境监测数据:主要包括公路主线及节点的气象环境数据,如能见度、大气温湿度、降水、风速、路面温度以及结冰积雪等路面状况等。

②环境共享信息:主要包括与气象、国土等部门共享交换的日常气象监测与预报信息、公路气象预报预警信息、地质灾害预报预警信息等各类环境信息。

(四)阻断信息

阻断信息包括公路交通中断信息和阻塞信息。交通中断指因某种原因导致公路无法通行或被迫封闭(包括对公路采取全部封闭、部分车道封闭、限时封闭、封闭收费站、主线分流、暂停施工等措施)的状态。交通阻塞指行驶中的车辆因某种原因(包括对车辆采取巡逻管控、间断放行、限车型放行、限流和限速放行等管制措施)在道路的某一区段异常地密集或集中,导致后续的车辆低速驾驶、停驶甚至滞留的状态。

阻断信息分为以下两类:

(1)计划类:由于公路养护施工、改扩建施工、重大社会活动等计划性事件,引起的高速公路(含收费站)需要进行超过 2h 的交通管制或封闭的阻断信息。

(2)突发类:由于自然灾害(包括地质灾害、恶劣天气等)、事故灾难、公共卫生事件、社会安全事件,以及其他原因引发的突发性事件,导致的高速公路(含收费站)局部路段出现的交通中断或阻塞的阻断信息。

二、信息收集

(1)通过监控系统主动发现道路通行异常信息,应立即向监控分中心核实情况,如确为特殊事件,应督促分中心完成事件信息报送。

(2)值班人员对于公众通过热线报警反映的道路异常情况,应立即通过监控系统调阅附近图像核实,同时立即联系相关路段分中心,督促完成相关事件信息报送。

(3)气象、地震、水利、国土、卫生、消防等部门的预报预警信息,应持续保持与相关部门的联系,并将相关信息通报交通热线和监控分中心,获取相关部门及路段应对措施信息,直至预警信息解除,同时做好相关记录。

(4)对监控分中心报送的信息做出接收、确认、上报、发布的处置措施;监督、指导各路段信息报送工作,对不符合规范要求(已接入监控系统未按照要求使用系统报送事件、报送事件信息不全、报送不及时)的报送行为及时纠正。

(5)如监控系统出现故障,无法正常使用系统软件进行信息报送时,应联系监控分中心,主动询问道路运行情况,督促监控分中心按照要求填报《事件信息报送表》,通过电话及传真报送;系统恢复后,重新补报。

(6)工作人员主动搜集的气象、地震、水利、国土、卫生、消防等部门的预报预警信息,属于紧急类、特急类的,应持续保持与相关部门的联系,定时询问,持续关注,并做好相关记录,造成通行影响的,应立即对信息进行跟踪处置。

(7)主动跟踪收集道路运营管理单位的公路养护施工、改扩建施工、重大社会活动等计划性事件信息。

三、信息统计分析、处理及报送

(一)信息统计分析及处理

信息收集部门对各类信息源进行统计分析,并进行分类处理。其中公路基础信息和应急资源信息具体内容及要求应按照公司相关规定执行。公路网运行信息和公路出行信息等分类后上报相应部门进行处理。

(二)信息报送

(1)信息收集部门对各类信息源进行核对,确认无误后,按公司信息报送相关规定执行。

(2)信息报送依据“先报事件、续报详情”的原则,并做到及时、准确、全面。

(3)路网运行信息报送采用相关业务系统填报。如系统出现故障无法报送时,应通过传真报送，电话确认，待系统恢复后，重新补报。

(4)出行服务信息报送及处置参见第三章出行服务管理，应急信息报送及处置详见第四章应急处置管理。

第三节　路网运行监测工作人员考核与奖惩

为全面推行路网运行监测工作标准化、服务工作规范化，不断提高业务水平，充分调动路网运行监测工作人员工作积极性和主动性，提高工作效率，提升服务质量，工作人员的考核办法按照公司监控员星级考核标准执行。

一、考评办法

(1)按遵章守纪、优质高效、文明服务、安全管理、思想建设五项共用标准对监控员进行量化考核，基准分数为100分，考评达到考评要求的按考评分数套用相应星级。

(2)星级评定时，五星级人数为所在机构总人数的5%；四星级人数为所在机构总人数的10%；三星级人数为所在机构总人数的30%；二星级及以下星级不设比例限制。

(3)监控员按完整率、控制率、差错率和使用率计算评分，按指标计算分数择优评定。

二、考核原则

考核工作以“公平、公正、公开”为原则，坚决杜绝不正之风。且当发生以下行为时，取消当事人评定资格及当月绩效工资，降为待岗人员，并按公司有关规定处理：

(1)发生有责刑事或治安案件。

(2)发生其他造成恶劣影响或重大经济损失的责任事故。

(3)发生责任投诉事件，被媒体曝光，造成负面影响的。

(4)超计划生育指标、出现旷工行为、发生重大安全生产责任事故。

三、星级评定标准

(1)监控人员按考评分数划分为七个绩效等级，即五星级、四星级、三星级、二星级、一星级、合格、不合格。

(2)星级绩效等级划分标准。

①季度考评分数在100分以上(含100分)且在所在机构总人数考核评选名额5%以内的，定为五星级人员，享受五星级相应待遇。

②季度考评分数在98分(含98分)至100分，且在所在机构总人数考核评选名额10%以内的，定为四星级人员，享受四星级相应待遇；当月评分低于97分，次季度不参加升星评定，次季度降为三星级人员。

③季度考评分数在97分(含97分)至98分的定为三星级人员，享受三星级相应待遇；当月评分低于95分，次季度不参加升星评定，次季度降为二星级人员。

④季度考评分数在95分(含95分)至97分的定为二星级人员，享受二星级相应待遇；当月评分低于92分，次季度不参加升星评定，次季度降为一星级人员。

⑤季度考评分数在92分(含92分)至95分的定为一星级人员，享受一星级相应待遇；当月评分低于90分，次季度不参加升星评定，次季度降为合格人员。

⑥季度考评分数在 90 分(含 90 分)92 分的定为合格人员,享受合格相应待遇;当月评分低于 88 分,次季度不参加升星评定,次季度降为不合格人员。

⑦季度考评分数在 88 分以下的定为不合格监控员,根据公司相关管理规定进行培训和处理。

⑧新招聘的监控人员按公司劳动人事处及中心人事管理的规定办理,试用合格后参与星级考评。

第三章　出行服务管理

出行服务管理主要是从出行服务的组织机构、工作职责、工作流程规范以及相关工作人员的奖惩方面进行编制。其宗旨是更好地为驾乘人员出行提供良好的信息服务，确保各种高速公路路况信息及时采集和发布，提升高速公路出行信息服务水平。

第一节　出行服务组织机构

一、组织机构图

出行服务组织机构包括运管公司、大数据服务中心、管理处和客服中心等组成，其组织机构图如图 3-1 所示。

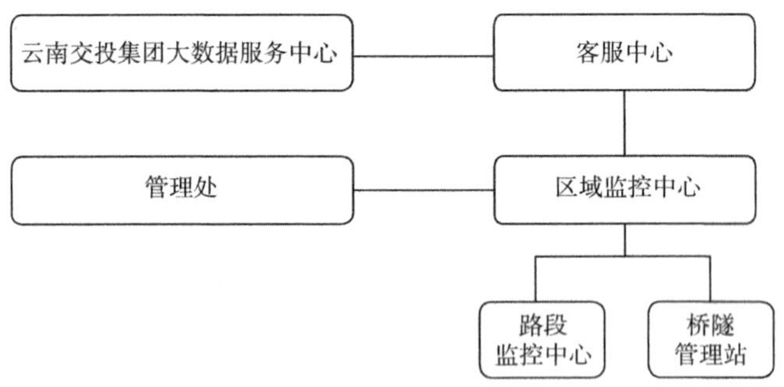

图 3-1　出行服务管理组织机构图

二、客服中心机构职能

(1)全省高速公路路况信息咨询、高速公路以及公路沿线相关产业的建设与运行管理信息咨询，投资举报、意见建议等的接听受理。

(2)为驾乘人员提供实时路况查询、服务设施咨询、出行线路规划、ETC 服务业务及相关的增值服务等工作，实现基于互联网平台的多种出行方式信息服务对接。

(3)按照集团公司要求负责公众出行信息发布工作，做好公众出行信息发布工作。

(4)负责公众出行信息发布的监督和管理工作，组织制定相关制度、标准和规范，对公众出行信息发布工作进行指导和检查。

(5)负责制定公众出行信息发布的相关制度、格式和标准，建立和完善出行信息采集、共享和发布机制。

(6)开展路网管理和预警等信息的整理和发布工作，以及应急处置信息的保障工作。

(7)负责公众出行信息的汇聚并统一发布。

(8)全省 ETC 信息咨询、投诉举报、意见建议等的接听受理。

三、岗位职责

（一）客服中心主任

（1）制订客服中心各项规章制度、操作流程，并监督实施。

（2）与12328总机及其他分机客服中心建立联系机制。

（3）监督指导话务人员及时在云南高速通、12328及相关合作媒体上发布公众出行服务信息。

（4）指导、监督话务人员使用相关软件系统掌握路网内道路运行情况。

（5）组织、监督、指导客服中心工作人员开展舆论监督工作。

（6）定期对话务人员进行业务考核。

（7）定期对值班各项报表、记录、录音进行核查，发现不足，及时改进。

（8）监督各软硬件系统规范、有效使用。

（9）督促话务员规范着装，用语准确、文明。

（10）组织、监督、指导客服中心工作人员受理、处置业务范围的投诉及建议。

（11）定期对话务人员进行日常业务培训和文明服务培训。

（12）完成上级领导交办的其他工作。

（二）话务班班长

（1）通过“云南高速通”和“12328服务电话”向社会公众提供省内高速公路公众出行服务信息，并通过其他合作媒体向公众发布出行信息。

（2）承办云南高速通ETC充值业务的查询、处理工作及集团公司业务范围内的ETC咨询工作。

（3）开展云南高速通路况直播、云南高速通电话推广等工作，并填报话务工单及相关记录等。

（4）在突发事件应急状态下，按要求开展公众出行服务信息的发布工作。

（5）组织班组业务学习及与其他班组的经验总结交流。

（6）掌握班员思想动态，积极组织、参加各项活动（培训），定期向客服中心主任汇报班组工作情况等。

（7）开展舆论监督工作，并及时处置、反馈。

（8）受理、处置业务范围的投诉及建议。

（9）按规定开展交接班业务对接，进行日常业务检查与指导。

（10）检查日常设备设施运行状态，并进行安全隐患排查及设备的故障报修、统计工作等。

（11）完成上级领导交办的其他工作。

（三）话务岗

（1）通过“云南高速通”和“12328服务电话”向社会公众发布省内高速公路出行服务信息，并通过其他合作媒体向公众发布出行信息。

（2）开展云南高速通ETC充值业务的查询、处理工作及集团公司业务范围内的ETC咨询工作。

（3）开展云南高速通路况直播、云南高速通电话推广等工作，并填报话务工单及相关记录等。

(4)协助班长开展交接班工作及特殊事项提醒。

(5)定期巡查设备设施运行状态,并进行安全隐患排查及设备的故障报修、统计工作等。

(6)开展舆论监督工作,并及时处置、反馈。

(7)受理、处置业务范围的投诉及建议。

(8)完成上级领导交办的其他工作。

第二节　出行服务信息发布方式及分类

一、公众出行信息服务发布方式

公路交通出行信息的发布,可通过公路沿线信息发布设施、公路出行服务网站、交通服务热线、广播电视、移动终端等多种方式实现。

(一)公路出行服务网站

公路出行服务网站应具有强大的信息查询功能,各类用户可随时进行公路出行信息的查询。网站应提供图形化界面,展示公路出入口、收费站、服务区等位置信息,以及实时交通运行状态、气象预报预警信息等即时信息,以便出行者快速、全面、直观地掌握所需出行信息,方便选择出行方式和安排出行计划。

公路出行信息服务网站技术要求如下:

(1)处理能力应达到第90百分位的系统高峰访问需求。

(2)网站应不宕机、不停机,实时可用。

(3)网站应保证7×24h连续可用。

(4)查询反馈时间应满足简单查询小于30s,复杂查询小于1min。

(5)网页查询出错类别和统计数量出错率小于0.1%。

(二)可变情报板

在重要公路节点可设立可变情报板,向途经公路沿线的出行者提供实时交通状态、突发事件、交通管控、交通气象以及施工占道、交通宣传、违法提示、公告公示等出行服务信息。其中,国家级路网监测点应设立可变情报板。

可变情报板可通过文字、图形、图像等多种方式发布信息,并宜采用地图板式可变情报板发布图文结合的出行服务信息。

省级路网平台须具备控制辖区内可变情报板信息发布的功能,并应实时监控可变情报板发布信息的内容和时间等。在发生重大突发事件的情况下,省级路网平台须具备下达可变情报板信息发布指令并获得执行反馈的功能。

(三)交通服务热线

公司应设立管辖范围统一的交通服务热线,开展人工与语音热线服务,通过热线电话查询,受理出行者的咨询与投诉。

(四)广播电视

应与各级广播电视管理部门建立合作机制,通过发布新闻通稿、定期连线或现场采的方式发布公路出行信息。在发生重大公路突发事件时，应积极通过广播、电视及时发布事件进展情况，正确引导公路交通运行。

（五）信息亭

通过设立在高速公路服务区、客运站点的集多媒体计算机、触摸牌、显示器于一体的信息亭，发布所在地及区域的公路出行服务信息。

（六）手机短信

通过与电信运营商、短信运营商的合作，向社会公众提供公路出行信息手机短信服务，采取短信定制、小区短信等服务模式，将不同类别的公路出行信息提供给出行者。

（七）移动终端

通过车路间数据通信交互方式，将公路出行信息发布到移动终端设备上，利用移动终端图文模式展示动静态出行信息，提供路径规划、实时交通运行状态、维修救援、公路气象等服务信息。

“云南交投”微信公众号是集团公司开展新闻宣传工作的新平台，是集团公司领导班子抓好意识形态工作的新举措，是集团公司与职工信息沟通的新桥梁。“云南交投”官方微信公众号的开通，必将为集团公司凝聚正能量，讲好云南交投故事，传播云南交投好声音，振奋云南交投人精气神起到重要的作用。“云南交投”微信公众号二维码如图 3-2 所示。

云南高速通提供云南高速公路出行信息、实时路况、高速服务设备信息、路况导航、路费查询、路况爆料等高效服务，让出行更加便捷。云南高速通二维码如图 3-3 所示。

图 3-2　“云南交投”微信公众号二维码

图 3-3　云南高速通二维码

（八）出行宣传册

针对宣传性较强或特定公路出行信息服务内容，可通过印制公路出行宣传册的方式，在高速公路服务区、收费站等驾乘人员集散地进行发放。

（九）其他发布方式

探索尝试利用现代化的移动网络终端等人机交互设备作为公路出行信息发布方式，面向个性化、高端化需求，实现公路出行信息定制化服务。

二、公众出行服务信息分类

公众出行服务信息（以下简称：公众出行信息）主要包括：省内高速公路及公司所属一级

公路路况、基础设施、沿线服务、沿途旅游、业务咨询等领域的信息。文中所涉及的公众出行信息主要包括：省内高速公路及公司所属一级公路路况、基础设施、沿线服务、沿途旅游、业务咨询等领域的信息。

分为日常出行信息和异常出行信息：

(1)日常出行信息是指与公众出行相关的公路基础信息、服务设施信息、施工养护信息、公路环境信息、交通政务、出行建议和交通运行状态等各类动态、静态信息。

(2)异常出行信息是指突然发生的对公众出行造成或可能造成较大影响，需要及时采取措施予以引导公众调整出行方式或路径的信息，主要包括自然灾害、交通中断阻塞、社会公共安全事件以及其他原因引发的突发性事件信息。

第三节　出行服务工作流程规范

一、公众出行服务信息来源

公众出行信息的来源主要是各路段管理单位(公司所属各管理处及其他业主路段管理单位)、交警、路政、气象、国土、属地政府、地震、公安、交通等相关部门和单位，以及通过互联网、社会公众反馈和从其他相关信息平台获得的公众出行信息。

(1)通过监控系统主动发现道路通行异常信息(包括监视视频与车检器自动检测状态)。

(2)管理处、外单位及集团公司其他单位提供的信息(计划事件报送、突发事件报送、定时报送、人工信息采集任务等)。

(3)监控员通过沿线收费站广场、道路、服务区等摄像机对路况进行实时监控采集路况信息。

(4)由各收费站、隧道站、路政巡查员通过值班电话反馈的信息。

(5)由相邻路段、公众媒体、过往驾乘人员提供的路况信息。

(6)省中心转达的路况异常信息。

(7)公众通过交通热线提供的信息。

(8)气象、地震、水利、国土、卫生、消防等部门的预报预警信息。

(9)监控值班人员值班期间应密切关注、接听综合监控事件报送系统、工作 QQ 群、热线反馈信息、传真电话等。

(10)整合第三方大数据路况信息平台，如高德地图等来源信息。

(11)其他方式获得的信息。

二、公众出行服务信息的发布原则

(1)统一管理、分级负责。公司公众出行服务信息实行统一管理，主要通过情报板、“云南高速通”“12328 服务电话”等向社会公众发布，也可通过其他合作媒体向公众发布出行信息。

(2)规范准确、发布及时。公众出行信息要按照实效性、准确性、规范性和完整性的要求，进行采集、报送和发布。信息采集要准确完整，信息报送要及时规范，信息发布要确保及时、准确无误。

(3)优化整合,创新模式。要加强数据分析和挖掘工作,对出行信息进行有效整合,实现信息的完整、准确和统一。信息发布方式要积极创新,充分利用互联网平台,实现信息多来源、发布多渠道、载体多样化,方便公众及时获取出行信息。

(4)开放共享,便捷出行。要以社会公众出行为导向,深化与互联网企业的合作,激发市场活力,实现出行服务信息的开放共享,为社会公众提供更丰富、更权威、更高品质的出行信息服务。

三、公众出行服务信息的发布要求

日常信息、一般异常信息和公众媒体反馈的出行信息,由发布单位按规定审查后发布。重大突发信息和影响公共安全的信息由集团公司按相关规定统一对外发布。公众出行服务信息的发布应满足以下要求:

1.时效性要求

公众出行信息的发布时效要求,主要指从信息获取到正式发布的基本时效要求,具体要求如表3-1所示。

公众信息出行发布表　　表3-1

序　号	信息内容	基本时效要求
1	公路基础信息	不定期
2	服务设施信息	不定期
3	出行规划信息	不定期
4	交通运行状态信息	≤1h
5	公路突发事件信息	≤2h
6	施工养护信息	≤1d
7	公路环境信息	≤1d
8	应急救援信息	≤1h
9	交通政务及辅助信息	不定期

2.指标性要求

公众出行服务信息发布的指标应突出出行服务简单、直观、易懂的服务特点。

交通运行状态信息发布拥挤情况是可按照拥堵、缓慢、畅通三个指标级别发布,或可按照对应的红、黄、绿三种颜色发布可视化指标。

3.服务性要求

要充分满足出行者大众化、普适性的服务需求,充分体现信息发布的公共性服务特点。

第四节　出行服务管理考核及奖惩

为全面推行出行服务工作标准化、服务工作规范化,不断提高业务水平,充分调动出行服务工作人员的工作积极性和主动性,提高工作效率,提升服务质量,出行服务的相关考核及奖惩按照如下标准执行:

(1)集团公司应把公众出行信息发布工作纳入中心从事公众出行信息发布工作的相关单位(部门)和个人考核评价体系,全面加强公众出行信息发布的各项工作。建立和完善中心公众出行信息发布考核制度,对工作成绩突出的单位(部门)和个人,要加大表彰力度。对迟发、误发、瞒发、漏发以及推诿拖延、敷衍塞责的,要按相关规定进行处罚并督促整改。

(2)公众出行信息发布考核采取日常检查与定期考核相结合的办法。日常考核在日常工作中,按照本办法提出的各项规定和要求进行随机检查,定期考核在每季度结束,下季度初组织实施,考核评价主要依据上季度日常考核情况及工作完成情况。

(3)公众出行信息发布考核的标准是:组织机构健全、工作责任明确;发布内容全面具体、准确无误、及时更新;发布形式实用有效、符合规范、效果明显;监管机制健全、责任追究落实、制度执行有力;投诉处理得当,群众评价满意,社会反响良好。

(4)公众出行信息发布考核工作实行量化标准(见附表二:公众出行服务信息发布工作考核评分标准)。实行100分制,考核结果分为优秀、良好、合格、不合格4个档次。各档次的分值标准:

①优秀(90~100分):认真贯彻执行本办法提出的各项规定和要求,重点突出、措施有力、成效显著、群众满意。

②良好(80~89分):贯彻执行本办法提出的各项规定和要求,重点突出、措施有力、取得一定成效、群众较满意。

③合格(70~79分):基本执行本办法提出的各项规定和要求,基本按照公众出行信息发布要求开展工作,群众基本满意。

④不合格(70分以下):未能执行本办法提出的各项规定和要求,信息发布工作出现偏差,群众不满意。

第四章　应急管理

应急管理主要是对突发事件应急信息进行处置，以突发事件应急处置的全过程为基础，利用相关信息技术和方法，进行应急处置和决策所需信息的需求定义、收集、传递、处理、存储、传播和利用，从而为应急指挥决策机构、政府职能部门和广大公众提供足够、高质量的信息服务，以便有效地开展应急处置，合理规划突发事件应急处置体系和应急处置平台的建设。

应急管理主要是从应急管理组织机构、突发事件分级分类、应急处置工作流程及应急处置工作考核与奖惩展开叙述。其宗旨是加强公路交通突发事件的应急管理工作，及时有效地对突发事件实施管理，建立完善的应急管理体制和机制，有效协调组织各应急处置机构，提高突发事件预防和应对能力，控制、减轻和消除公路交通突发事件引起的严重社会危害，降低交通事件造成的损失，及时恢复公路交通正常运行，保障公路畅通。

第一节　应急管理组织机构

一、组织机构图

应急管理组织机构包括突发事件应急委员会、应急办、运管公司应急办、其余各二级公司应急办、管理处区域应急指挥中心、路段监控中心和桥隧管理站，其组织机构图如图 4-1 所示。

二、机构职能

（一）突发事件应急委员会

负责统一领导、指挥、协调公司范围内突发事件应对工作，具体职责如下：

（1）贯彻执行上级有关应急工作的法律、法规和政策。

（2）研制制定公司预防和处置突发事件的重大措施和指导意见，审定应急相关预案、规划、规则、办法。

（3）决定启动和终止公司突发事件预警状态和应急响应行动。

（4）统一领导公司突发事件的应急处置工作，发布指挥调度命令，并督促检查执行情况。

（5）根据上级要求或应急处置需要，指定成立应急工作和现场工作组，开展应急处置工作。

（6）根据需要，会同有关单位制定应对突发事件的联合行动方案，并监督实施。

（7）当突发事件由上级单位统一指挥时，公司应急委员会按照指令，执行相应的应急行动。

（8）研究决定其他相关重大事项。

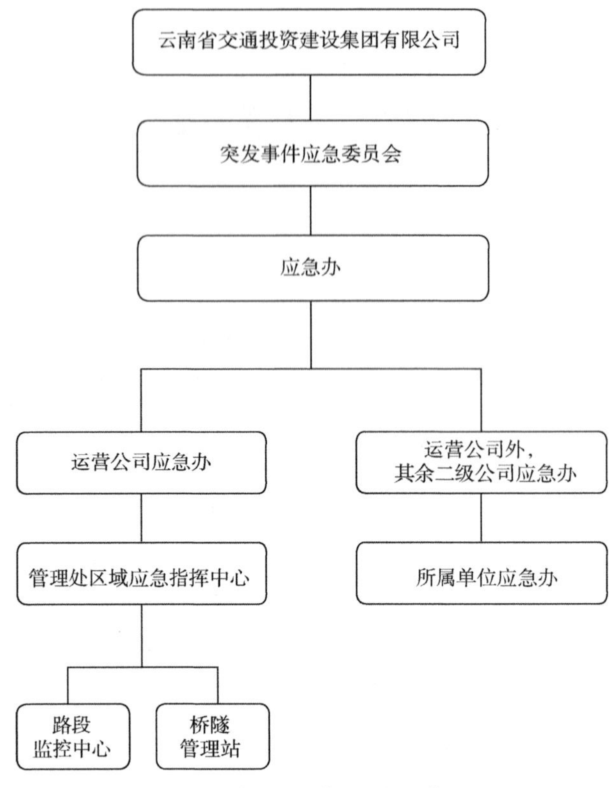

图 4-1　应急处置管理组织机构图

（二）突发事件应急委员会办公室

承担公司突发事件应急委员会的日常事务，主要履行值守应急、信息汇总、综合协调、指导监督等职责，具体如下：

（1）建立 24h 值班制度和应急办领导带班值班制度；负责公司管辖范围内突发事件信息的收集、汇总、处理、上报工作。

（2）负责公司所属各单位应急办、上级单位应急办日常工作的对接，及时传达相关指令和上报相关工作情况。

（3）负责拟定公司应急管理的制度及预案，编制公司应急办工作经费预算，并报请应急委员会审定；组织公司层级的应急演练。

（4）负责在突发事件应急状态下，收集、报送应急信息，及时通报公司相应业务的分管领导和职能处室按照相应预案规定对突发事件进行归口处置，并视具体情况向公司应急委员会提出应急会商、预案启动、派驻现场工作组等应急处置建议。

（5）指导督促公司有关部门及下属单位的应急工作；指导公司所属各单位应急管理工作和应急预案的编制、修订、演练和实施工作；与有关单位建立应急工作联系机制。

（6）组织有关应急管理的宣传培训、科技应用和监督检查工作。

（7）承担公司应急委员会交办的其他工作。

（三）二级公司应急办

（1）负责业务范围内信息的收集、报送、处置工作。

(2)建立信息员制度。

(3)负责将业务范围内信息按本办法相关要求统一归口报送到公司应急办。

(四)区域应急指挥中心

(1)实行24h值班制度,负责管理处各自辖区内信息的收集、报送、处置、发布工作。负责与管理处征费、养护、安全、经营等业务部门及地方政府、安监、公安、交警、路政、气象、交通、国土等部门建立应急联动、信息互通机制。

(2)管理处与集团公司应急办日常应急管理工作指令的传达。(管理处区域中心设置:昆明东管理处设在昆石监控中心、昆明西管理处设在高峣监控中心、大理管理处设在大理监控中心、保山管理处设在保山监控中心、曲靖管理处设在曲靖监控中心、昭通管理处设在昭通监控中心、普洱管理处设在思小监控中心、文山管理处设在布标监控中心、红河管理处设在新安所监控中心。)

(3)监督、指导辖区内路段监控中心和桥梁、隧道监控中心使用智慧高速综合管理服务平台、联勤联动机制做好突发事件信息的收集、报送、跟踪、处置工作。

(4)要强化信息员管理制度,拓宽突发事件信息获取渠道。各管理处须在所属的管理处机关、分处、收费站、隧管站、服务区、养护单位等安排信息员落实突发事件信息收集、报送工作,信息员由管理处区域应急指挥中心负责管理。

(5)辖区内路段监控中心或桥、隧监控中心报送的突发事件信息,要快速通过监控视频或附近信息员进行核实,确保信息的及时、准确。其他单位或个人报送的突发事件信息,要快速通过监控视频或附近信息员进行核实,并根据突发事件信息的分级分类标准及相关规定进行报送、处置。对于较大及以上突发事件,在现场视频监控不足或无视频监控的情况下,要及时调派最近的移动视频设备赶往现场,及时向上级监控上传图像。

(6)做好突发事件处置的视频保存工作。发生引起交通中断的突发事件时,要做好事件处置过程完整视频的备份保存工作,并于次月10日前将备份视频报备运管公司应急指挥中心。

(五)路段监控中心

(1)贯彻落实上级政府(部门)有关法律、法规和各项规章制度,根据运管公司对业务范围内运营管理的有关规定,建立、健全相关管理制度,完善应急预案,细化操作规程,并认真组织实施。

(2)通过监控系统对各收费站突发事件进行实时监督、指导,负责突发事件的发现、汇总、调查、核实、整理、分析等工作,定期形成监控报告报主管上级部门,内容包括各站违规违纪情况统计、核实情况、信息报送、案例分析、先进典型、注意事项等。

(3)设置高速公路24h服务电话,受理高速公路突发事件信息,给予解答或及时转送相关业务部门办理;并定期对监控中心设备设施运行状态进行检查,发现故障及时报修。

(4)在突发事件应急状态下,充分使用智慧高速综合管理服务平台、视频监控、GIS等系统对路网运行情况进行监测,使用智慧高速综合管理服务平台、联勤联动机制做好所辖路段突发事件信息的收集、报送、跟踪、处置工作。

(5)收集所辖路段的突发事件信息,要快速通过监控视频或附近信息员进行核实,及时通报交警、路政及管理处相关部门做好先期处置工作,并做好信息的收集、报送、跟踪、处置工作。对于较大及以上突发事件,在现场视频监控不足或无视频监控的情况下,要及时向上级部门请示调派最近的移动视频设备赶往现场,及时向上级监控上传图像。

(6)路段监控中心需完成上级交办的其他工作。

(六)桥隧管理站

(1)贯彻落实上级政府(部门)有关法律、法规和各项规章制度,根据运管公司对业务范围内运营管理的有关规定,建立和健全相关管理制度和业务操作规程,并认真组织实施。同时,建立、健全相关管理制度,完善应急预案,细化操作规程,做好原始记录,保存整理档案。

(2)按规定向区域应急指挥中心报送道路运营信息。通过桥梁或隧道的视频监控、健康监测、环境监测等系统,对管辖的桥梁或隧道运行情况进行24h不间断监管,发现异常,及时按相关规定进行处置。定期对监控中心及外场设备设施运行状态进行检查,发现故障及时报修。

(3)定期形成桥梁、隧道运行情况报告,报上级部门,内容包括信息数据统计、运行特征、案例分析、先进典型、注意事项等。定期对管辖桥梁或隧道进行巡查、检查及隐患排查,发现问题,及时按相关规定进行处置。

(4)充分使用视频监控、环境监测、健康监测等系统及日常巡查对桥梁、隧道运行情况进行全方位监测,发现异常及时处置。使用智慧高速综合管理服务平台、联勤联动机制做好所辖桥梁、隧道突发事件信息的收集、报送、跟踪、处置工作。

(5)桥隧管理站将收集到所辖桥梁、隧道的突发事件信息,要快速通过监控视频或通知隧道消防队根据职责范围和操作规程到现场进行核实,及时通报交警、路政及管理处相关部门做好先期处置工作,并做好信息的收集、报送、跟踪、处置工作。对于较大及以上突发事件,在现场视频监控不足或无视频监控的情况下,要及时向上级部门请示调派最近的移动视频设备赶往现场,及时向上级监控上传图像。

(6)桥隧管理站需完成上级交办的其他工作。

三、应急管理人员岗位职责

(1)负责集团公司高速公路路网内突发事件预案的研究工作;统计集团公司管辖高速公路网上突发事件数据,评价道路运行质量,路段状况分析、交通趋势分析、给出改进建议等。

(2)发生突发事件时,负责所辖道路的交通紧急救助调度指挥,按照省高速公路监控中心优先的调度指令处理紧急事件。

(3)负责突发事件信息的报送并协调处理路段突发事件,并协调处理集团公司其他紧急事务。

(4)在路网上发生突发事件时,维护网络的安全,并保障路网上设备的正常使用。

(5)在紧急事件发生时按照权限启用适当的应急预案,协调地方交警、医疗等机构,有效组织交通,保障所辖路段的通行能力。评估紧急事件及道路日常养护等业务对交通的影响,组织研究所辖路段内紧急事件的应急预案,定期评估和提高本路段的应急反应能力。

(6)通过各种技术手段,全面监视所辖路段的交通基础设施(包括隧道、桥梁等特殊构造物)运行状态,在具有潜在运行障碍或对交通安全造成影响时及时预警并通报相关部门采取处理措施。发生突发事件时,负责处理路段突发事件信息,并处理处理上级交办的其他紧急事务。

(7)当桥隧内发生突发事件时,负责应急预案的初判,协助处理桥隧内突发交通事件,并及时上报交通事件处理信息。

第二节　突发事件分级分类

根据国家对突发事件的定义、分类以及《云南省交通运输厅信息报送和处理办法》分级标准,结合公司行业特点及应急管理工作实际,将信息按等级划分为一级信息、二级信息、三级信息;按类别划分为A自然灾害、B事故灾难、C社会安全、D公共卫生、E征费突发。

一、突发事件定义

突发事件是指突然发生、造成或者可能造成公司公路和水路交通中断或较长时间阻塞,公路和水路及附属设施或在建项目遭到严重破坏,以及公司其他经营生产区域遭到严重破坏,丧失正常使用功能,出现重大人员伤亡、财产损失、生态环境破坏和危及运行安全的紧急事件。

二、突发事件类型

自然灾害:主要包括运营公路、在建项目及其他生产经营区域因雨雪冰冻大风等气象灾害,滑坡、塌方、泥石流等地质灾害,以及地震灾害等引起的影响公路运营、项目建设及其他生产经营活动安全运行的事件。

事故灾难:主要包括公路运营、项目建设及其他生产经营活动中发生的安全事故、交通事故、机械设备事故、危化品事故、环境污染事件等,造成人员伤亡,并对公路运营、项目建设及其他生产经营活动安全运行造成严重影响的事件。

公共卫生事件:主要包括公路运营、项目建设及其他生产经营活动中发生的食品安全和职业危害,以及其他严重影响公众健康和生命安全的事件。

社会安全事件:主要包括影响公路正常运营、在建项目正常运行及其他生产经营活动的社会突发事件和群体性事件、恐怖袭击事件等。

征费突发:主要包括影响正常收费工作的事件。特别是收费站长时间拥堵;收费系统因网络故障、病毒侵袭、电力故障等,导致严重影响收费工作的事件。

三、突发事件信息分级分类

根据突发事件信息的危害程度和涉及范围,将其分为一级、二级和三级,同时根据突发事件信息的性质分为五类。具体内容详见附表三:《突发事件信息分级分类表》。

第三节　应急处置工作流程规范

根据国家、省政府和上级有关部门对突发事件信息(以下简称:信息)收集、报送、处置、发布的相关要求,结合云南交投集团实际,制定应急处置工作流程规范。公司信息管理工作遵循“统一管理、信息共享、及时有效”的原则。信息的收集、报送、发布工作是做好应急管理工作的基础,是有效预防和科学处置突发事件的关键。

各单位要加强应急值守,完善制度,拓宽渠道,强化汇总研判,并狠抓落实。公司各单位要建立健全信息的收集、报送、处置、发布工作机制,确保信息管理工作规范化、标准化、制度化。各单位须建立24h领导带班值班制度,做好信息的收集、报送、处置工作。信息的处置遵循统一管理、分级负责的原则,确保信息、及时、准确、规范、有效。

一、突发事件信息采集

(1)各二级单位的应急办须安排信息员,负责在突发事件状态或突发事件预警状态下及时向公司应急办报送信息,同时还需做好与公司应急办日常应急管理工作指令的上传下达。

(2)各二级单位须将应急办主任和信息员的联系电话、邮箱、传真报公司应急办。各单位应急办主任及信息员要保持24h电话畅通。应急办主任或信息员联系方式变化时,要在2个工作日内将变更人员报送公司应急办。

(3)各二级单位要结合工作实际,与地方政府、安监、公安、交警、路政、气象、交通、国土、地震、海事等部门建立信息共享机制,增加信息的获取渠道。

二、突发事件信息报送

(一)信息报送要求

(1)信息的"七要素"(时间、地点、原因、事件概况、态势、应对措施、预计完成处置的时间)齐全。其中,应对措施以在事发地采取的有效措施为主,包括必需的统计数字(投入的人员、设备、物资、工程量等)。

(2)信息报送实行初报、续报、终报制。一、二、三级信息的初报由应急办按前述规定报送;在派出现场工作组的情况下,一、二级信息的续报、终报由现场工作组督促属地单位报送公司应急办,应急办短信报送公司领导、宣传部及相关业务部门。另外,现场工作组认为有必要向公司主要领导报告的重要信息,由现场工作组负责人确定;在未派出现场工作组的情况下,一、二级信息的续报、终报由应急办带班主任或副主任电话初报的部门报送应急办,应急办短信报送公司领导及宣传部、办公室等部门;三级信息的续报、终报由相关业务部门负责。

(3)同一突发事件的信息报告,一般情况下,一级信息事件发生后72h内,每4h续报一次,72h后每日报告不少于2次,直至应急响应终止。二级信息事件发生后,根据事件处置情况,及时进行续报。

(4)信息报送格式。

①书面报送格式按照《云南省交通投资建设集团有限公司突发事件信息收集报送处置发布管理办法》要求的格式报送(表4-1~表4-9)。

②短信报告格式。

a.一、二级信息。

(a)一、二级信息初报。

表4-1

【应急信息报告】 主报:××× ××× ××× ×××…×××(写明姓名) 抄送:××× ××× ××× ×××…×××(写明姓名) 内容:时间、地点、原因、事件概况、态势、应对措施 (以在事发地采取的有效措施为主,包括必需的统计数字)、预计完成处置的时间等 报送者:×××(报送者的部门名称)

表4-2

【应急信息报告】 报告:××× ××× ××× ×××…×××(写明姓名) 内容:时间、地点、原因、事件概况、态势、应对措施 (以在事发地采取的有效措施为主,包括必需的统计数字)、预计完成处置的时间等 此事件以短信和电话主报公司×××部门负责人,短信抄送公司×××、×××…部门负责人 报送者:×××(报送者的部门名称)

(b)一、二级信息续报。

表 4-3

【应急信息报告】
主报:××× ××× ××× ×××…×××(写明姓名)
抄送:××× ××× ××× ×××…×××(写明姓名)
内容:关于××事件的续报(主要报告事件处置的新情况、新进展,包括必需的统计数字)
报送者:×××(报送者的部门名称)

表 4-4

【应急信息报告】
报告:××× ××× ××× ×××…×××(写明姓名)
内容:关于××事件的续报(主要报告事件处置的新情况、新进展,包括必需的统计数字)
此事件以短信主报公司×××部门负责人,短信抄送公司×××、×××…部门负责人
报送者:×××(报送者的部门名称)

(c)一、二级信息终报。

表 4-5

【应急信息报告】
主报:××× ××× ××× ×××…×××(写明姓名)
抄送:××× ××× ××× ×××…×××(写明姓名)
内容:关于××事件的终报(报告事件处置结束及相关情况,包括必需的统计数字)
报送者:×××(报送者的部门名称)

表 4-6

【应急信息报告】
报告:××× ××× ××× ×××…×××(写明姓名)
内容:关于×××事件的终报(报告事件处置结束及相关情况,包括必需的统计数字)
此事件以短信主报公司×××部门负责人,短信抄送公司×××、×××…部门负责人
报送者:×××(报送者的部门名称)

b.三级信息。

(a)三级信息初报。

表 4-7

【应急信息报告】
主报:××× ××× ××× ×××…×××(写明姓名)
抄送:××× ××× ××× ×××…×××(写明姓名)
内容:时间、地点、原因、事件概况、态势、应对措施
(以在事发地采取的有效措施为主,包括必需的统计数字)、预计完成处置的时间等
报送者:×××(报送者的部门名称)

(b)三级信息续报。

表 4-8

【应急信息报告】
主报:××× ××× ××× ×××…×××(写明姓名)
抄送:××× ××× ××× ×××…×××(写明姓名)
内容:关于××事件的续报(主要报告事件处置的新情况、新进展,包括必需的统计数字)
报送者:×××(报送者的部门名称)

(c)三级信息终报

表 4-9

【应急信息报告】
主报:××× ××× ××× ×××…×××(写明姓名)
抄送:××× ××× ××× ×××…×××(写明姓名)
内容:关于××事件的终报(报告事件处置结束及相关情况,包括必需的统计数字)
报送者:×××(报送者的部门名称)

(二)各二级单位向公司应急办信息报送

(1)报送范围、时限:发生一、二级信息所列突发事件内容,发生地单位须力争在接到信息的 20min 内向公司应急办电话报送(管理处区域中心在电话报送的同时,要在 30min 内使用智慧高速综合管理服务平台进行报送),40min 内书面报送,书面报送时间最迟不得超过 90min;发生三级信息所列突发事件内容,须立即向公司应急办报送,最迟不得超过 40min。

(2)报送格式:以"云南省交通投资建设集团有限公司应急工作专报"报送信息。各二级公司均统一使用该书面格式报送。管理处通常使用智慧高速综合管理服务平台报送,需要书面报送时,则采用该格式。

(3)报送形式:公司所属各二级单位使用电话、短信、传真、电子邮件等方式向公司应急办报送信息。

(4)信息报出后必须进行确认。涉密信息的报送须遵守相关规定。

(5)运管公司所属各道路运营单位的信息报送:

①通常情况下使用智慧高速综合管理服务平台向公司应急办进行信息报送、处置,情况较为复杂的事件,使用电话、传真、电子邮件等进行辅助报送。

②因系统故障,不能正常使用智慧高速综合管理服务平台报送的,使用电话、短信、传真、电子邮件等方式报送。

(6)公司应急办(总值班室)联系方式:

电话:0871-68570329。

传真:0871-68106879。

电子邮箱:gsglygzx@ sina.cn。

(三)公司应急办向公司机关部门信息报送

公司应急办按本办法制定公司机关部门突发事件信息分级分类报送处置实施细则,按细则要求向公司领导及部门报送信息。

(四)公司应急办向云南省交通运输厅应急办信息报送

(1)报告范围、时限:发生一、二级信息所列突发事件内容,公司应急办力争在接到信息的 20min 内向云南省交通运输厅应急办电话报送,40min 内书面报送,书面报送时间不得超过 90min。

(2)报送格式:以"交通运输应急工作专报"报送信息。

(3)报送形式:同时用电话、书面传真、电子邮件、短信形式向云南省交通运输厅应急办报送,信息报出后必须进行确认。涉密信息的报送须遵守相关规定。

(4)省交通运输厅应急办联系方式:

电话:0871-65305621。

传真:0871-65305001。

邮箱:ynjtyjb@163.com。

(5)发生附表三中规定的一级、二级信息内容的预测、预警信息,要在组织相关专家机构鉴定后的当日上报厅应急办。

(五)信息报送的其他规定

(1)发生附表三中规定的一级、二级信息内容,在公司所辖管理区域内发生的,发生地单位及时报送公司应急办,同时依公司机关相应部门的指导向当地政府及相关部门报送,公司应急办及时按程序向公司相关业务部门、分管领导及厅应急办报送;发生附表三中规定三级信息内容,在公司所辖管理区域内发生的,发生地单位及时报送公司应急办,公司应急办及时向相关业务部门报送。

(2)信息报送和处置遵循"及时快速、准确高效、逐级上报"的原则。在一些紧急情况或特殊情况下可越级上报到公司应急办。

(3)公司应急办承担信息的接收和电话初报。接收和办理信息的收集、汇总、核实、跟踪或报送。

(4)信息报送采用初报、续报、终报制,内容要简明准确、要素完整、重点突出。信息的时间、地点、原因、事件概况、态势、应对措施、预计完成处置的时间等要素要齐全。其中,应对措施以在事发地采取的有效措施为主,包括必需的统计数字(投入的人员、设备、物资、工程量等)。

①初报。

各单位在核实清楚突发事件基本要素(时间、地点、造成的后果等)后,立即按规定报告。初报要简化审批环节,原则上由分管领导或应急办负责人审批后上报。信息标题应简明扼要并标明清楚事件发生地点、时间、事件级别。对于事件紧急、性质严重且短时间内难以核实清楚情况的突发事件,可采取"先电话口头报送,随后再书面报送"和"边报送、边了解情况、适时报送"的方式上报。

②续报。

应包括以下要素:时间、地点、信息来源、事件起因和性质、事件类别、基本过程、已造成的后果、影响范围、存在的隐患、事件发展趋势、处置情况、请求帮助解决的问题、投入情况及下一步工作建议或考虑等。根据事件进展情况,采取时报、半日报、日报等方式进行续报,并进行编号。

③终报。

发生附表三中规定的一级、二级信息内容的突发事件应急处置结束后,应及时总结突发事件预测、预警、发生、研判、发展和处置的整个过程情况,形成终报上报。

(六)信息报送责任主体

(1)突发事件发生地管理单位是受理信息,向公司和当地政府报送信息的责任主体。

(2)突发事件发生地管理单位在向公司报送信息的同时,须向当地政府报送;跨行政区域的突发事件发生后,同时向同级政府报送。

三、突发事件信息处置

(1)相关部门负责人接到公司应急办带班主任或副主任的电话后,提出处置意见,下达有关单位或上报分管本部门或分管相应业务的公司领导;公司分管领导接到所分管部门或所分管相应业务的主管部门负责人报告后,提出处置意见,下达有关单位或上报公司主要领导；公司主要领导接到公司分管领导的报告后，做出处置决定，下达处置指令。

(2)需上报政府(部门)应急办的一级、二级信息，由应急办商负责信息处置的部门后按规定要求上报。

四、突发事件信息发布

(1)发生附表三中规定的一级、二级信息内容的突发事件对外发布工作，由公司应急办将收集到的信息报送到公司党委宣传部，公司党委宣传部起草发布稿件，经公司相关领导审定后，由公司宣传部统一对外发布。

(2)三级信息发布。

①各单位结合自身工作实际及社会公众需求，充分利用信息发布资源，向公众发布相关信息。

②公司应急办要及时通过云南高速通、广播、公司网站及12328服务电话等对社会发布相应的服务信息。

五、应急物资储备管理

(一)应急物资库设备及配置标准

根据《云南省交通投资建设集团有限公司运营公路应急物资储备管理办法》，进一步规范集团公司运营公路应急物资储备管理，提高应对运营公路突发事件的预防和处置能力，保障运营公路抢险保通需要。应急物资主要包括运营公路抢险、抢修、抢通材料、器具及机械设备等。应急物资管理坚持“分级负责、突出重点、平战结合、节约实效”的工作原则。实行“定额储备、实物定点储存与协议商业储存相结合、分级管理、分级使用、及时补充、保障急需”的应急物资储备管理工作机制。应急物资管理工作由公司进行协调、指导和监督检查。

(1)根据“布局合理、管理方便、使用快捷”的实际需要及公司应急体系建设和运营公路养护管理办法的相关规定，公路运营管理单位应结合所管养路段区域特点及保障应急抢险需求合理设置应急物资库。

(2)应急物资库建设应纳入年度养护计划。公路运营管理单位应根据现有应急物资库的情况，对达不到使用功能的应急物资库以及需要新增的应急物资库，年度末随养护专项工程一起上报公司列入次年的养护计划。

(3)应急物资储备为公司一次性配置，配置的品种、数量标准按附表四《云南省交通投资建设集团有限公司应急物资储备库标准配置表》进行配置，公路运营管理单位应根据原有物资储备情况进行调整。

(4)公路运营管理单位每年3月末需向公司报送物资储备情况。

(二)应急物资库管理

(1)应急物资库的建设和日常管理工作由公路运营管理单位负责。

(2)公路运营管理单位要根据本办法要建立应急物资管理制度，明确具体管理人员职责，完善储备物资采购、验收、入库、保管、维护、盘点、出库、回收等手续。

(3)公路运营管理单位要建立应急物资台账，做到账物相符。对储存的物资都要设置标签，明确标明物资品名、规格、产地、编号、数量、质量或特性、生产日期、入库时间等。

(4)应急物资储备库应每月进行一次盘点，发现储备物资数量、质量和储存安全等方面出现问题，应及时妥善处理。对储备的设备、器械等要按照使用说明书的规定进行定期维护、保养,对储备的救援物资按保质期更换,确保随时、安全使用。

(5)储备的应急物资要分类存放,码放整齐,对便于货架存放的物资一律实行货架摆放,消防设施要齐全有效。对于露天存放的应急物资要实行区划分类,定点有序存放,必要时做到上盖下垫。

(6)对于非人为因素致使破损严重或因自然失效而不能继续使用的应急储备物资,由储存单位及时向上一级业务主管部门报告,经审核批准后方可进行报废。

(7)储备的应急物资主要用于运营公路抢险、除雪防滑、突发事件现场处置及影响交通安全的运营公路或桥梁、隧道病(损)害应急抢修等。严禁任何单位或个人擅自出借、挪用、报废处理,不得用于本单位工程施工或其他无关用途。

(8)遇有运营公路应急时公路运营管理单位应先动用所管理应急储备物资,在储备物资不满足的情况下可向上级申请应急支援。

(9)对可回收重复使用的应急储备器具应及时进行回收、清洁、消毒,整理后重新清点入库;对正常损耗、损毁的应急物资应及时补充。

(10)融雪剂、工业盐由公路运营管理单位每年 10 月进行采购,冰雪灾害抢险保通发生后实报实销。其余物资,使用单位应在使用后 15d 内补齐,费用在抢险工程费中核销。

(11)用于运营公路应急抢险、抢修的挖掘机、推土机、平地机、装载机、压路机、自卸汽车等大型机械,以公路运营管理单位及商业协议单位实有机械设备为依托;同时各相关单位要切实加强设备的计划保养和检修维护,确保机械设备的完好技术状态能够随时响应运营公路抢险、抢修应急调度使用。

第四节 应急处置工作考核与奖惩

一、突发事件应急处置责任制

公路交通突发事件应急处置工作实行行政领导负责制和责任追究制。

(1)对应急管理工作中做出突出贡献的先进集体和个人要及时地给予宣传、表彰和奖励。

(2)信息的收集、报送、发布工作纳入公司对各单位年度考核评定目标内容,不得瞒报、漏报、错报、迟报。对报送、发布资料等信息内容要做好详细记录,以备查验。

(3)公司根据各单位报送信息的数量、质量和时效等方面进行综合评比,对信息报送工作中成绩突出的个人和单位给予表彰和奖励;对因报送虚假信息或延误报送时限,造成不良社会影响或严重后果的单位或个人,依据公司相关规定或有关法律法规追究其责任。

(4)公司应急办是公司信息的统一归口部门,各单位须及时、准确地将信息报送至公司应急办,确保信息的及时、统一、规范、准确。

二、应急物资库相关考核

(1)每年至少对物资库进行 1~2 次检(抽)查,对管理不善者将进行通报,并把结果纳入年度养护考核。

(2)应急物资管理纳入公司对公路运营管理单位的综合考核内容。对于储备不足、管理混乱、影响应急处置工作的单位或个人按有关规定追究责任,对于在应急物资管理工作中做出突出成绩的单位和个人给予通报表彰。

第五章　路网运行安全保障

路网运行安全保障包括收费站站前交通流诱导、高速公路途中交通流诱导、其他交通流诱导、路网运行设备维护以及主体养护。在进入高速公路之前，通过收费站站前情报板、高速通和广播等进行信息发布，实现交通流诱导。在高速公路途中，通过在服务区、途中情报板、隧道入口、枢纽立交、出口匝道等发布信息，以实现交通流诱导。同时，路网运行安全保障还包括了运行设备维护管理和主体养护管理。

第一节　收费站站前交通流诱导

交通流诱导是基于电子、计算机、网络和通信等现代技术来实现高速公路畅通。它是根据驾乘人员的起讫点向其提供高速公路实时交通路况信息，并引导驾乘人员及时改变行车路线，保障高速公路畅通，防止交通阻塞的发生，减少车辆在道路上的逗留时间，并且最终实现交通流在高速公路路网中各个路段上的合理分配。

在进入收费站之前，根据交通、天气及指挥调度部门的指令及时显示交通诱导信息，如收费站是否关闭、施工路段管制、强风、浓雾等警示标语及简单图形。当前方道路中有对驾驶安全有影响的气象、施工、路况等信息时，需给出行为建议(如靠左行驶/靠右行驶等)。通过发布车流中不同车型的平均速度，使驾驶员自觉调整车速，与交通流的速度相同，提高道路的整体效率。通过提醒车辆靠左行驶、靠右行驶以及客车、货车分道或者大车、小车分道，对道路的交通流进行整理，提高整体的通行效率。

收费站站前情报板主要用来发布可进入路段的总体信息，包括：道路通断信息、交通流信息、道路设施信息、道路事件信息和气象信息。然而，在不同的情况下，收费站站前情报板信息发布略有不同，根据其他系统所采集的路口路段交通流信息、实时自动或手动显示交通畅通、拥堵信息，使驾驶员能及时了解高速公路交通情况，引导驾驶员提前选择比较合理可行的行车路线，避免拥堵，提高效率；根据天气预报、交通设施检修、交通事故发布显示道路施工、交通事故及其他突发性事件信息；平时也可显示交通安全宣传教育、气候状况或其他有关信息。分为以下几种情况：

一、正常情况

正常情况下，通过收费站站前情报板发布路况，使驾驶员在驶入高速公路之前，对将要进入的路段情况有基本的了解，也有助于驾驶员选择合适的出行时机和出行路线。主要是向进入高速公路的车辆发布下游道路的总体信息。入口信息发布包括下游不同方向的道路的如下信息：

(1)道路的通断信息。

(2)道路施工的总体信息。

(3)道路气象信息。

(4)车流的流速与拥挤状况。

二、交通事件发生的情况

当收费站有影响交通的事件发生时,需要及时做到以下几点:

(1)应该尽快关闭相关车道,阻止拥堵的进一步恶化,对于尚能使用的车道,还要发挥其作用。

(2)交通影响事件发生后,在相关路段的入口情报板发布路况和交通流拥堵信息,控制交通需求,通过减少出行需求,减轻事件路段的交通压力。

(3)在相关收费站的入口,通过站前情报板,告知驾驶员事件路段的交通恢复时间,支持驾驶员路线选择决策和出行时间决策。

三、交通中断情况

在交通中断情况下,交通服务的工作不能中断,不仅需要发布交通恢复的预计时间。同时还要发布的信息包括:

(1)路线的交通状况。

(2)气象信息。

(3)通道管制信息。

(4)预期交通恢复时间。

四、节假日收费站管理

(1)利用以往节假日路网运行数据,对公众出行规律进行了预研预判,在节前发布路网拥堵预警,提示公众错峰出行,加强交通信息的引导服务。

(2)利用现有的视频管理平台及交通量调查设备的采集数据,实时监测道路运行状况,密切关注各路段车流量变化和畅通情况,充分发挥路网运行监测工作职能,提高多部门联动处置突发事件的效率。

(3)加强节假日道路气象预警预测工作,与省气象局密切协作,掌握道路沿线气象信息,及时向社会公众进行发布。

(4)提高收费站通行效率。开设专用车道,实施免费车辆“入口不发卡、出口抬杆放行”。同时,确保ETC车道的正常有效使用,以此提高整体通行效率和速度。

(5)通过广播电台、公众交通出行信息服务网和情报板等,及时发布路况信息,为出行群众提供详细的信息服务,以信息引导保畅通。

(6)改进和加强公路收费站、服务区管理,大力推行规范化服务。同时,保持站容站貌干净整洁,确保文明服务承诺落到实处。

(7)加强服务质量管理,提升运输服务质量。认真落实各项服务规范,完善各项服务措施。

第二节　高速公路途中的交通流诱导

在进入高速公路之后,根据交通、天气及指挥调度部门的指令及时显示交通诱导信息,如通过服务区、隧道入口、枢纽立交以及出入口匝道等情报板发布信息,从而让驾驶员提前了解道路状况,避免交通阻塞,减少交通事故发生。同时还可根据路面实际情况显示限速值，从而有效地对交通流进行诱导，使高速公路更加畅通。

一、服务区信息发布

全省高速公路服务区服务设施配置应按照《云南省高速公路服务设施设置规范（试行）》配置齐全，各营运单位要及时管养和更新，确保服务设施具备完好的使用功能，符合规定。

高速公路服务区作为高速公路的重要组成部分，具有明显的行业特性，能够为出行人员提供加油、如厕、餐饮等刚需服务，一直以来被认为是高速公路重要的延伸产业。而服务区管理的安全保障也在经营管理和公众服务等层面发挥着越来越重要的作用。正常情况下，服务区入口信息情报板发布服务区的以下相关信息：

（1）油料供应信息。

（2）加油排队的情况。

（3）服务区的开放状态。

（4）事故信息及分流诱导信息。

（5）服务设施的动态信息。

（6）包括服务区的运营信息。

（7）停车位使用信息。

二、道路途中信息发布

正常情况下通过情报板发布途中信息，主要达到以下目标：

（1）对前方道路安全有影响的气象、施工、路况等信息，提醒驾驶员，给出行为建议（如靠左行驶/靠右行驶等）。

（2）通过发布车流中不同车型的平均速度，使驾驶员自觉调整车速，与交通流的速度相同，提高道路的整体效率。

（3）通过提醒车辆靠左行驶、靠右行驶以及客车、货车分道或者大车、小车分道，对道路的交通流进行整理，提高整体的通行效率。

三、隧道信息发布

一般在隧道前设置情报板，发布特定条件下车辆在隧道行驶的规定。根据交通流的具体情况，调整车辆的速度，使车流能以稳定和较快的速度安全通过隧道。在发生事件时，一般不允许车辆在隧道内停留。

因此，隧道前的情报板发布的信息有：

（1）隧道是否禁止使用。

（2）隧道内行驶的车流速度要求。

（3）隧道内的施工情况。

（4）前方道路的事故信息。

（5）交通延误信息。

（6）事件情况下下游的分流诱导信息。

四、枢纽立交信息发布

枢纽立交是车辆分流、汇流的主要设施。正常情况下，需要向驾驶员提供下游道路的总体交通动态信息，此功能与收费站入口情报板的信息相似。枢纽立交前，是驾驶员的重要决策位置，是决定下一路段的路线和行为的关键位置。枢纽立交前，系统提供的信息，包括以枢纽立交为节点，下游不同道路总体的路况、车流状况（总体状况和车速）、气象状况。

五、出口匝道信息发布

出口匝道是驾驶员进行决策的又一个重要位置，可以选择从此出口离开高速公路，或者继续行驶。在城市的绕城高速公路上，这一特点更为明显。出口匝道向驾驶员发布收费站服务能力相关的信息，使驾驶员有合理的心理预期；出口匝道还向驾驶员发布驶出高速公路后的气象提示或行为建议。

第三节　其他交通流诱导

除了收费站站前诱导和高速公路途中交通诱导之外，驾乘人员还可以通过高速通、微信、网站、广播等获取实时交通信息。通过高速通、微信、网站、广播等及时发布路网上的动态交通信息，使驾乘人员准确地掌握路网的交通状态，并以此进行交通出行诱导，调整交通流时间和空间分布、提高路网通行能力，有效解决交通需求与交通服务能力之间的矛盾，提高管理与服务水平。

第四节　路网运行设备维护管理

高速公路路网设备保持完好状态关乎高速公路路网的正常运行。确保设施设备、数据、监控、网络、通信的安全、可靠和稳定运行，才能确保路网运行状况和使用品质不下降，控制、减轻和消除由于设备问题引起的高速公路交通事故的发生，为用户提供快速、畅通、安全、文明的通车环境和优质服务。

一、路网运行设备

（一）信息采集类设备

交通流检测依赖于交通检测设备，而交通检测通常采用线圈检测、脉冲检测、雷达监测等手段，获得道路上交通流的交通参数。交通检测设备用来检测交通流量、车速、占有率、车头时距、车辆存在、长车比、车队和排队长度等，称其为车辆检测器。车辆检测器一般包括传感器和处理器两部分，主要分为环形线圈车辆检测器、超声车辆检测器、红外车辆检测器、微波交通检测器、视屏车辆检测器及车重监测器六种。

（二）信息发布类设备

向道路使用者提供信息和指令的外场设备主要由提图板、可变道路情报板、可变限速标志和广播通信系统组成，主要是向驾乘人员提供高速公路气象信息、事故信息、沿线各路段交通状况及高速公路路段限速信息等。

（三）路网监控设备

高速公路视频监控设备作为高速公路监控系统的一个重要组成部分，主要实现视频图像的采集、传输和输出、显示等功能，它通过外场摄像机将高速公路现场的视频信号采集到监控系统中，视频信号由传输设备传输到监控中心并连接到监控中心的监视器、录像机等输出设备。高速公路视频监控设备在高速公路交通管理中发挥着重要的作用。它主要是通过对现场进行实时监控,来及时反映高速公路路况信息,以便管理人员及时对相应的路况信息采取解决措施,保证高速公路安全畅通。

二、路网运行设备维护的质量目标及管理要求

(一)质量目标

路网运行设备维护必须达到公司《收费、监控、通信系统维修维护管理办法(试行)》《收费、监控、通信系统安全运营管理规定(试行)》中的相关要求,并满足国家及省厅相关规范、条例、规定要求。

(二)管理要求

对于路网运行设备的维护,需满足以下要求:

(1)确保设施设备、数据、监控、网络、通信的安全、可靠和稳定运行。

(2)确保收费系统准确无误,按时间要求及时出具清分结算报表,不影响、不拖延征费划账工作。

(3)确保 ETC 通过率、云通卡发行用户数量等关键指标达到公司考核指标的要求。

(4)除不可抗拒的自然灾害和其他突发灾害事故导致交通中断外,应保持路网设备安全畅通,处理问题故障应保障人员、物资及时到现场。

(5)对出现的各种故障和损坏,须按规范和要求及时修复,并做好维修维护记录。

(6)必须保证管理、维护和施工人员的生命安全。做好防火、防电措施,配置和使用其他安全保障设施设备。

(7)积极推广应用新技术、新设备,提高中心三大系统的技术含量和先进水平,推高环保型、节能型技术的应用水平。

三、路网运行设备的维修与维护

在进行路网运行设备的维修与维护时,需严格执行《云南省公路开发投资有限责任公司收费、监控、通信系统维修维护管理办法》,依据办法确定的基本原则,各级管理单位必须履行好职责,认真完成三大系统的维修维护计划费用管理、日常维修维护工程管理、专项工程管理以及工程维修维护管理考核等工作。

各管理单位应与维修维护单位签订相应三大系统维修维护管理考核责任书,明确责、权、利,保障系统设备安全运行。

三大系统设备维护维修安全管理的基本任务是:

(1)加强设备的日常维护和维修,使设备保持完好。

(2)采取正确、科学的技术措施,提高维修维护工作质量,延长设备的使用寿命。

(3)制定和做好有效的设备抢修预案,在人员、车辆、仪表工具、技术资料方面做好充分准备,及时检修、快速修复,保证畅通。

(4)对达不到技术标准和影响使用的设备及设施,进行分期改造和增建,逐步提高使用质量和服务水平。

(5)经常分析设备运行状况,查找故障隐患,坚持“预防为主,防治结合”的原则,及时做出预测,采取预防性维修维护措施,减少各种损失。

(6)依靠科技,大胆采用新技术、新工艺、新材料和先进的管理方法,提高维修维护的技

术水平。

(7)加强信息系统工程资料管理,广泛收集、保存和整理与信息管理系统设备相关的各类技术资料。

(8)建立实时更新的设备档案台账,实时掌握设备使用、改造、升级、更换、备品备件等各项管理工作,科学、合理、有计划地开展三大系统维修维护管理工作。

第五节　主体养护管理

一、主体养护管理目标

(1)路基坚实,路面平整,桥隧稳固,设施完善,路容美观。

(2)建立规范化的公路检测、数据采集与分析机制,逐步完善公司公路养护科学决策体系。

(3)根据公路运营综合评价体系提供的各项实测数据与评价指标,制订中长期养护规划以及年度养护计划、预防性养护措施,保证道路服务功能健全,道路技术状况指标满足规范要求。

二、主体养护管理要求

(1)除不可抗拒的自然灾害和其他突发性灾害事故导致交通中断外,应保持公路畅通。

(2)对公路出现的各种病害须按相关规范和公司规定的时限修复。

(3)对应急抢险工程,应首先进行排险作业,清除障碍,确保施工安全和道路安全、畅通,并现场确认工程量,及时办理相关手续。

(4)及时上报公路信息及其他数据资料。

(5)养护作业应在保障安全畅通的基础上,最大限度地减少对车辆通行的影响,避免通行费流失。若确需限制交通的,应做好交通疏导和施工安全、行车安全保障措施。

(6)采取有效措施保证养护作业人员的生命安全。养护作业人员必须穿着反光标志服;作业机械必须涂装醒目的警示色,安装示警灯,配置和使用其他安全保障设施设备。

(7)积极推广应用新技术、新材料、新工艺、新设备,以最经济的方式达到最佳养护效果。积极进行养护工程的实用型科研技术研究,大力推广应用环保型、节能型养护技术。

(8)降低道路全寿命周期养护成本,提高道路通行效率。

第六章　网络安全管理

网络安全管理主要涉及有关高速公路运营的网络安全、保密等方面内容。旨在规范和加强网络安全工作，切实提高网络与信息系统运行管理水平，保障网络正常运行与网络安全，实现网络与信息系统安全可控和在控。

第一节　网络安全管理组织机构

一、组织机构图

网络安全组织机构包括运管公司、大数据服务中心、网络安全领导小组、网络安全工作组和网络安全实施组，其组织机构图如图6-1所示。

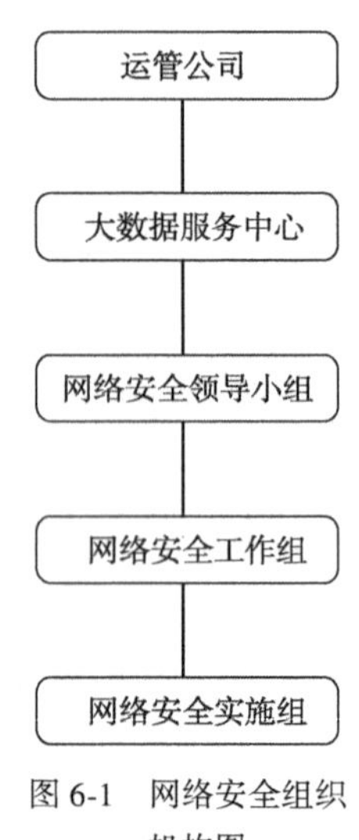

图6-1　网络安全组织机构图

二、机构职能

公司网络与信息系统安全管理工作实行统一领导、分级管理、逐级负责，遵循“谁主管谁负责，谁运行谁负责，谁使用谁负责，管业务必须管安全”的原则，严格落实网络与信息系统安全责任。各单位、各部门主要负责人是本单位、本部门网络与信息系统安全第一负责人。

网络安全组织机构及涉及的相关角色分配如下：

(1)网络安全领导小组：

组长：集团总公司总经理。

副组长：集团总公司分管副总经理。

组员：集团总信息部负责人。

(2)网络安全工作组：

组长：集团总公司信息部负责人。

组员：集团信息部、各级公司信息部负责人。

(3)网络安全实施组：

组长：各级公司信息部负责人。

组员：业务系统安全专员、主机系统安全专员、网络系统安全专员、终端系统安全专员、各级公司内部各部门安全专员。

(一)大数据服务中心

大数据服务中心是公司网络安全技术责任部门，也是高速公路征费、通信、监控三大系统和云南高速通等网络安全责任管理部门，征费管理部门作为协助部门。

公司网络与信息系统实行专业管理、归口监督。各部门负责落实本部门网络与信息系统安全管理工作，负责梳理网络与信息系统安全管理工作内容、安全风险防控重点，制定相应的安全防护措施和安全管理制度。

（二）网络安全工作组

网络安全工作的监督实施由集团公司信息部负责人牵头，集团公司信息部及各级公司信息负责人配合完成。

（1）负责公司信息化发展规划的制定及信息化制度和规范的建立与完善。

①根据公司发展战略制定信息化工作规划，负责网络体系的设计和信息系统的设计。

②根据公司信息化工作现状及规划，制定并完善相关制度和规范并监督实施。

（2）负责制定公司信息系统软硬件的配置规划及实施。

根据公司信息化工作规划，负责完成公司信息化系统的软硬件选择并制定专业全面的采购计划。

（3）组织网络安全管理人员的业务学习，不断提高工作能力和业务水平。

（三）网络安全实施组

网络安全实施组由各部门指定网络管理人员构成，主要负责本部门内网、外网及专用网络的接入和应用管理系统，并承担网络与信息系统安全的直接责任人。

（1）负责公司网络系统维护及管理。

（2）计算机系统和常用设备维护管理。

（四）其他相关部门

各相关部门指定网络管理人员负责本部门内网、外网及专用网络的接入和应用管理系统，并作为网络与信息系统安全的直接责任人；网络用户是自用计算机信息处理、发布和管理的直接责任人。

三、岗位职责

（一）网络运营者

（1）应当制定网络安全事件应急预案，及时处置系统漏洞、计算机病毒、网络攻击、网络侵入等安全风险；在发生危害网络安全的事件时，立即启动应急预案，采取相应的补救措施，并按照规定向有关主管部门报告。

（2）制定内部安全管理制度和操作规程，确定网络安全负责人，落实网络安全保护责任。

（3）采取防范计算机病毒和网络攻击、网络侵入等危害网络安全行为的技术措施。

（4）采取监测、记录网络运行状态、网络安全事件的技术措施，并按照规定，留存相关的网络日志不少于6个月。

（5）采取数据分类、重要数据备份和加密等措施。

（6）法律、行政法规规定的其他义务。

（7）设置专门安全管理机构和安全管理负责人，并对该负责人和关键岗位的人员进行安全背景审查。

（8）定期对从业人员进行网络安全教育、技术培训和技能考核。

（9）对重要系统和数据库进行容灾备份。

（10）制定网络安全事件应急预案，并定期进行演练。

（11）法律、行政法规规定的其他义务。

(12)建立网络信息安全投诉、举报制度,公布投诉、举报方式等信息,及时受理并处理有关网络信息安全的投诉和举报。

(二)网络系统安全专员

(1)负责本部门内网、外网及专用网络的接入和应用管理系统,并作为网络与信息系统安全的直接责任人。

(2)对通信及网络设备做好防尘、防水、防火措施,做好巡检记录,确保设备安全稳定运行。对设备进行操作前,应做好防触电、防静电保护,对设备进行配置前应做好数据备份。

(3)建立网络安全管理体系,达到对网络安全长期有效的管理。根据当前网络安全存在的问题,确定解决方案,建立基础保障体系、监控审计体系、应急响应体系和灾难备份与恢复体系。根据网络安全处理经验教训和安全风险评估的结果,对网络安全管理策略进行修改,对信息安全管理范围进行调整。

(4)定期进行安全检测,做好对非法站点过滤并定期备份数据。日志必须保存6个月以上。

(5)根据业务需求、用户需求、应用需求、计算机平台需求和网络需求,确定网络需求、网络拓扑以及网络的投资规模。未经网络管理员批准,任何人不得改变网络拓扑结构,网络设备布置,服务器、路由器配置和网络参数,经批准后需要做改变时,应做好更改记录。

(6)机房中的所有网络设备、工具、软件等一律不对外借用,物品使用后必须物归原处。

(三)终端系统安全专员

(1)积极按照国家网络安全相关规定和国家信息安全等级保护制度的要求,开展信息系统定级备案和等级测试,建设完善的防火墙、入侵检测、数据加密以及灾难恢复等网络安全设施和管理制度。

(2)通过客户真实信息校验模式,建立风控保护墙,以完善的管理控制措施和技术手段保障网络系统安全稳健运行。

(3)进行内容风控,做详尽的数据收集和量化计算,建立成熟的风控模型或是系统去应对互联网上频繁出现的攻击。通过对用户行为的大数据分析,在源头或者垃圾没有产生之时,做到提前预知。

(4)自行或者委托网络安全服务机构对其网络的安全性和可能存在的风险每年至少进行一次检测评估。

(5)进行风控前置,开展重要信息系统等级保护测评和安全检查,探索形成内外部技术资源相结合的互联网应急处置协同工作机制,确保快速落实一系列应急措施,如切断病毒传播的可能渠道,在网络层、客户端层封堵危险端口;实施病毒防护,启用勒索病毒及其若干变种的黑名单防护机制,及时更新病毒定义码;提升源头免疫能力,第一时间自动分发并确认打齐微软操作系统补丁;实施域名内部牵引,避免极端情况下受感染终端的不良后果等。

(6)对建立在计算机终端各个方面可能发生风险进行有效管控,通过制度与技术有效结合的方式,减少甚至杜绝各类风险事件的发生;针对终端使用过程中可能发生风险的操作行为进行详细记录,分析之后进行制定具有针对性的防护措施和相关功能的管控。

(7)对操作系统进行安全加固:关闭不必要的服务、端口等,为不同用户开放权限较低权限,防止安装过多应用软件及病毒、木马程序的自运行。

(8)终端外设使用监控:对终端外设接口、外联设备及使用的监视、控制能有效地控制计算机的资源利用率,规范计算机资源使用,防止因滥用计算机外接存储设备造成的木马、病毒的泛滥传播。

(四)业务系统安全专员

(1)负责网络业务工作,根据公司总体市场战略及网站特点,确定推广目标和推广方案,负责公司产品的网络推广。

(2)负责公司网络宣传相关工作目标、计划的制定。

(3)与各部门沟通,细化确认需求,按时保质完成业务推广任务。

(4)策划、执行在线推广活动,收集推广反馈数据,不断改进推广效果。

(5)开发拓展合作的网络媒体,提出网络运营的改进意见和需求等。

(五)主机系统安全专员

(1)负责为公司内的涉密服务器和办公计算机安装防护系统、审计系统、涉密移动存储介质管理系统和非法外联监控系统,并正确设置安全保密策略。

(2)负责对服务器、安全防护设备的管理员用户进行日常管理维护和使用登记;控制设备的访问权限极端口,保证使用完毕后及时退出。

(3)负责公司内安全优盘,涉密移动硬盘的入库和发放,正确设置非法外联监控报警信息。

(4)负责设置,涉密便携式计算机涉密存储介质外出携带的权限,并进行登记检查。

(5)负责根据所制定的安全保密策略,完成生命设备的风险评估报告。

(6)负责对发生重大变化的出现违规操作的保密检查发现问题的设备重新进行风险评估,并调整安全保密策略。

(7)负责指导公司内顺利设备的配置和使用负责监控公司网络的安全状况,并根据实际运营情况提出整改。

第二节　网络安全管理工作职责

一、安全管理

遵循“统一指挥、密切配合、职责明确、流程规范、响应及时”的协同原则,做好公司网络与信息系统安全管理工作。

落实常态网络安全风险评估工作,切实将风险评估工作常态化,及时落实整改、消除安全隐患,确保网络与信息系统安全。

设置专职或者兼职网络与信息安全管理岗位,明确网络安全管理工作职责和技术防范措施。

加强员工网络与信息安全管理,与网络安全管理人员及其他关键岗位员工签订保密协议,明确网络安全保密的内容和职责;切实加强员工网络与信息安全培训和指导工作,提高全员安全意识和安全管理水平。

任何单位和个人不得擅自改变内网、外网及专用网络设备用途,影响网络安全运行。内网、外网及专用网络必须配备防火墙、防病毒软件等安全产品,并根据相应的安全防护要求,制定严格的安全防护措施。网络产品应制定相应的管理台账,并有网络安全管理人员专门负责保管相应的账户密码信息。

加强对各自网络运行状态的监控,定期巡检,确保网络安全稳定运行。如发现大规模病毒爆发引起的网络堵塞,必须立即隔离可能影响安全的设备及网络,待排除安全隐患后再联入网络。

加强对微信公众号及其他业务的安全备案准入与管理,加强微信的开设与管理,加强对官方微信所发布内容的审核与监管。官方微信的发布终端要按照相应要求部署安全措施。

创建的业务 QQ 群、微信群原则上应采用实名制。群主及管理员要负责本群及共享空间的网络与信息安全管理工作,各群成员应遵守国家网络安全管理法律法规,不得泄露国家和单位机密。

建立网络与安全保密措施,网络结构、安全防护方案等涉密信息不得泄露,严禁在公开刊物或网络上发表。

任何单位和个人不得利用外网、内网和专用网络危害国家安全、泄露国家和单位秘密,不得侵犯国家、社会、公司的利益和公民的合法权益,不得从事违法犯罪活动。

严格遵守“涉密不上网,上网不涉密”纪律,严禁在内网、外网及专用网络计算机存储、处理国家秘密信息和公司秘密信息,严禁普通移动存储介质和扫描仪、打印机等计算机外设在内网、外网和专用网络上交叉使用。涉密计算机、涉密存储设备严格按照保密相关规定进行管理。

二、路网运行网络管理

网络与信息系统是指用于承载公司一体化信息平台,各类业务应用及信息化保障系统的网络平台,按照承载业务分为内网、外网及专用网络,其中内网是指用于承载公司办公自动化,并与互联网物理隔离的局域网(办公 OA 系统);外网是指用于承担公司联网用户访问互联网的网络;专用网络是指为满足用户专项业务应用需要所建立的与内网和外网友数据交互并采取逻辑隔离的网络。本章涉及网络均属于非涉密网络。适用于公司机关及所属各单位的网络与信息系统安全管理工作。

公司路网运行专用网络依据“谁主管、谁负责,谁使用、谁负责”的原则,落实网络与信息安全和运行管理责任。

专用网络建设方案须经公司审查,满足网络稳定和安全要求;接入应有详细的接入方案及安全防护方案,经公司审批通过后,大数据服务中心完成接入。

大数据服务中心负责对高速公路征费、通信、监控三大系统专用网络进行安全技术督查,督促业务部门落实网络与信息安全管理要求。

三、应急管理

切实加强网络与信息系统应急管理体系建设，按照"综合协调、统一领导、分级负责"的原则，在公司机关及所属各单位建立健全网络与信息应急组织和指挥体系。

坚持"安全第一、预防为主、综合治理"的方针，各单位、各部门加强应急响应队伍建设，建立完善应急预案并及时修订，落实常态化应急演练工作，做好应急保障工作。

建立网络突发事件应急物资储备、调拨和紧急配送机制，确保网络突发事件所需物资装备的应急供应。

第三节　网络安全管理工作流程

一、通信及网络设备安全操作

(一)运营管理安全操作

(1)网络管理员必须定期对通信及网络设备进行巡检，做好防尘、防水、防火措施，做好巡检记录，确保设备安全稳定运行。

(2)网络管理员必须定期进行安全检测，做好对非法站点过滤并定期备份数据。日志必须保存6个月以上。

(3)未经网络管理员批准，任何人不得改变网络拓扑结构，网络设备布置，服务器、路由器配置和网络参数，经批准后需要做改变时，应做好更改记录。

(4)网络管理员对设备进行操作前，应做好防触电、防静电保护，对设备进行配置前应做好数据备份。

(5)机房中的所有网络设备、工具、软件等一律不对外借用，物品使用后必须物归原处。

(6)任何人不得在公司的局域网上制造传播任何计算机病毒，不得故意引入病毒，网络使用者发现病毒应立即向网络管理员报告以便得到及时处理。

(7)不准在网络信息管理中心内使用来源不明的软盘、优盘、光盘和移动存储设备等。

(二)系统设备使用规范

(1)严格按照有关规定使用、操作、维护和维修设备，严禁违规操作，禁止野蛮作业。

(2)严格设备开机和关机程序。接到停电通知后，及时保存数据，按程序关机，并切断电源。在突然断电时，必须关闭电源开关。来电时在确认供电稳定和正常后，按程序开机。

(3)严禁进行与系统运行无关的操作，严禁使用和安装本系统以外的磁盘、光盘、磁带等软件媒介，严防计算机病毒和黑客侵入。

(4)已联网的各终端用户应经常对极端及进行杀毒。管理单位与维修维护单位定期组织安全检查，做好集中杀毒。

(5)非维修人员禁止拆卸、调试各种设备及安全信号标志、仪表、指示器、安全防护装置。维修人员要定期检查、校验、确保安全有效。

(6)加强系统密码管理，确保系统网络安全。

①严格按规定保管密码，严禁将密码透漏给无关人员。

②三大系统管理(区域)中心、路段(分)中心和各收费站要加强系统的安全管理，按照实际情况确定系统管理员、系统维修员、操作员、票据员的人数、职责和权限，系统管理员资

料应向上级中心报备。

③系统管理员、系统维修员、操作员、票据员等的口令应每季度更换一次,并由单位负责人统一管理,其他人员不得询问和更改。上述人员变动时,应及时对系统口令和管理权限做出相应更改。

(7)值班人员在接班或上班时,应及时对机房内或收费亭内外的设备,进行数量清点、外观检查,发现设备缺少或损坏,应立即查明原因。原因不明时,应及时报有关领导。交班时,应向接班人员交清设备工作情况,并认真填写设备运行情况交接班登记。

(8)加强防火措施。要定期检查消防器材,确保消防器械完好率达到100%。机房内严禁存放易燃品、易爆品和强磁物体。维修用的各种溶剂应适量,随用随取,用后即带出机房保存。若一次的用量较大时,应移至机房外作业。

(9)定期对机房接地和设备接地进行检查和测试,防止机房设备及外场设备遭雷电破坏和发生人员触电事故。

(10)各类设备的所有技术文件、资料、图纸、说明书、设备操作手册、维修手册和设备软件的磁盘、光盘、磁带以及相关资料是保障系统正常运行、完成设备检修任务的必要保证。对技术资料的管理要做到:

①上述技术资料必须有专人保管,进行分类登记和管理。必须建立严格和明细的借阅登记。

②借阅者应爱护和妥善保管所借资。借阅后及时并完好归还,不得长期滞留在外,影响维护维修工作。

③仅独一份的一般资料,原始资料不得外借,可借阅复印件。

④重要资料必须经单位主管领导批准后,方可就地阅览,不得外借和复印。涉密文档按有关保密制度管理。

(三)操作系统安全

(1)账户安全管理:将操作系统的系统级账户、业务操作级账户建立适当的安全级别;应按照用户权限最小化员额,用不同的操作环境限定不同权限,宜将系统账户划分为系统管理员、安全管理员、系统操作员。

(2)操作系统用户口令分级设置和管理:设置的口令至少有6位的非字母字符式的密码,包括数字和特殊字符;所有的口令都应有时间限制,最长不宜超过3个月,系统管理员可以强制用户定期做口令修改。

(3)系统安全检测及防范:应建立完备的联网收费操作系统配置信息档案,对服务器、工作站操作系统的配置文件、后台服务进程、文件的属主、用户账户、工作组及权限进行安全检测;宜合理修改操作系统网络配置,设置合适的TCP(Transmission Control Protocol,传输控制协议)等外部连接端口;安装必要的安全加强工具,加强系统完整性检测;宜严格管理系统日志,实时地检测系统状态、检测和跟踪入侵者,并记录重要的系统文件,为控管、审计和监测提供数据。

(4)系统入侵检测:宜采用身份鉴别、自主访问控制、强制访问控制、安全审计等以进一步提高操作系统的安全管理技术。

(四)收费数据安全

1)数据生成和存取的安全性保障

(1)应对输入信息的数据类型和取值范围进行检验,当企图录入不正确的数据类型或者取值超出范围时应给予警示并拒绝录入。

(2)对各类收费业务流程,处理考虑适当的灵活性,还应充分考虑防作弊功能,对一些重要的操作(例如车型改判的确认、超时车、回头车、坏卡车、车牌不符车的处理等)采用动态联机授权,确保有两个以上的人员同时在场进行处理。

(3)车道软件应具有动态屏蔽按键的功能,尤其对系统功能键要具有很好的屏蔽效果,防止因按键失误而产生错误的数据。

(4)数据库密码、操作员口令等敏感数据必须采用加密存储,并且对密码的使用进行严格的控制,防止盗用数据库账号或者使用他人身份伪造或篡改数据。

(5)非接触式 IC 卡上的信息应按照卡片基本信息、持卡人、免费资料、入口交易信息等分别存取,按照一定的加密体系和措施进行加密,并做到一卡一密,防止别有用心的人利用卡片上的信息进项破解。

(6)非现金支付卡、电子标签内的原始交易数据、支付数据、车辆信息、持卡人信息等按照统一的安全认证和安全管理,确保其安全性、可靠性。

2)数据存储的安全

(1)系统冗余:宜采用系统冗余来提高系统的高可用性,应采用组件用于和使用实时应用集群来保护数据存系统。

(2)灾难恢复:灾难恢复包括完整的备份计划和灾难后恢复计划,应从根本上确保联网收费数据的安全。

(3)联网收费结算管理中心异地容灾:根据路网分布的条件,可在较远的路段中心设置的异地容灾点。

3)数据传输的安全

(1)联网收费软件应首选成熟的商用中间件,直接进行通信时,应选择安全的通信协议,连接双方应具有严格的握手协议,双向身份验证机制传输节点之间应互相保留对方的认证信息,对对方的身份进行检测和识别,只有身份合法者可以进行数据传输业务。

(2)各级系统之间需要互相传递的而数据采用加密传输,接收对发送方送出的数据进行严格的校验,如 MAC(Medium Access Control,媒体存取控制位址)校验、CRC(Cyclic Redundancy Check,循环冗余校验)校验等,防止伪造数据或者数据在传输过程中被修改,校验不通过的数据将被视为非法数据,并被计入通信日志,并产生相应的报警信息。

(3)为了减少因原始收费数据中途停留而遭到篡改,应尽量选择使用最短的途径将原始收费数据直接送达省收费结算中心,并检查原始收费数据的真实性、完整性、一致性、安全性和抗抵赖性。

(4)原则上不允许进行跨系统的联机实时传输。

4)数据安全保障措施

(1)网络反病毒技术:负责对全省高速公路联网收费网络进行统一防病毒管理,包括统一升级、更新。

(2)入侵检测系统:在联网收费网络系统中可设置入侵检测系统,以发现违规访问、隐蔽攻击、阻断网络连接、内部越权访问等。

(3)网络边界访问控制:在内部局域网与外部广域网之间,在联网收费结算管理中心的骨干路由器与骨干网连接处,应设置防火墙,实现内外网的隔离与控制访问。

(4)网络安全域的划分、隔离及访问控制:通过在交换机上划分虚拟局域网(VLAN),实现内部网段的隔离,以防止影响单个网段的问题在整个网络传播。

(5)综合性安全管理平台:通过设置安全管理平台,对联网收费网络中各种安全设备和安全软件的集中管理和监控。

二、服务器及工作站安全操作

(一)基本操作规范

(1)维护目标是保证中心机房设备与信息的安全,保障机房具有良好的运行环境和工作环境。

(2)安排专人负责服务器及工作站的日常操作维护工作,服务器只能由指定管理员操作,其他人不能私自操作,如果确实需要操作服务器,应征得管理人员许可,并报部门主管同意后方可进行。

(3)服务器必须建立完整的技术文档和维护方案。

(4)每次更新服务器运行程序前,必须把相关内容备份到移动硬盘中,再进行操作,防止造成不可挽回的损失。

(5)如发现服务器及工作站故障,应及时向部门主管报告,应及时催促维护单位进行维修。

(6)操作人员不得进行与工作无关的操作,使用完毕必须退出软件系统,严禁未授权人员操作软件。

(7)严禁在计算机内随意操作自己不懂的命令,对操作中出现的自己不熟悉的语句,要彻底弄清其意思后,再往下进行,以免造成信息丢失。

(8)每季度末应对服务器进行一次硬件检测和除尘工作。

(二)机房的环境要求

机房内必须保持整洁,不得放置无关的设备物品。

(1)每日检查机房的温度和湿度,一般情况下必须保持恒温、恒湿。机房内应有空调装置,避免服务器和工作站在高温下工作。

(2)机房不能放置食品和水和其他饮料,不得在机房内就餐,在机房内严禁吸烟。

(3)计算机系统必须采取避雷安全措施。

(4)计算机要有防静电设施。

(5)一般情况下,无关人员不得进入机房。非机房工作人员,因机房工作需要进入机房,须事先取得机房管理人员的批准,进入机房前须进行检查登记,并且在机房工作人员的陪同下进入机房。

(6)因工程施工类原因进入机房,须事先取得机房管理人员的施工许可签字。参观人员进入机房须由机房管理人员全程陪同,机房管理人员须承担参观过程的管理责任。设备厂商人员进入机房,须事先向中心提交申请及相关材料,由中心进行审批。提交的操作计划应明确设备厂商操作人员的操作步骤和对机房网络设备以及业务的影响。须事先制定应急保障预案。设备厂商人员在进入机房后,必须严格按照提交的操作计划进行,不得对任何不在审批范围内的设备进行操作或超出审批范围进行操作。设备厂商进入机房的操作过程中,中心派专人全程配合监督,确保网络设备安全。设备厂商机房操作完成后,中心相关负责人须签字确认。

（三）软件环境

（1）为了保证服务器及工作站的最大优化，除了安装解压缩、杀毒软件等必要的应用软件外，一般不安装其他非必要的软件，平时最好不设置壁纸、屏幕保护等。严禁安装游戏、聊天工具和视频播放类工具软件。

（2）无特殊情况，服务器要关闭网络文件与打印服务、QoS（Quality of Service，服务质量）、终端服务、授权服务、Site Server ILS 服务、消息队列服务（MSMQ，Microsoft Message Queue，微软消息队列）、远程存储、证书服务等其他暂时不用的服务。

（3）服务器操作系统需设置安全策略，策略设定后要进行有效性检查，确保有效执行。

（4）服务器应禁用匿名/默认账户或严格限制访问权限。

（四）杀毒和系统安全

（1）服务器及工作站需安装杀毒软件。

（2）需要拷贝到服务器及工作站上的程序和数据，必须经过检测确认无病毒后方可进行传入。

（3）设置晚间 0 点进行定时杀毒。

（4）杀毒软件需定时升级病毒库。

（5）在得知有新病毒流行时应立即确认杀毒源库是否为最新，如果不是应立即上网下载，同时应立即上网下载最新的补丁程序。

（6）在得知有最新的安全漏洞时，应立即上网查看最新安全补丁并下载安装。

（五）服务器的开关机和重启

一般情况下，服务器不得随意关机，在以下情况下，可以关机，但尽量安排在晚上；若因工作计划需要，必须在工作时间重启服务器，应提前 48h 通知各部门做好相应准备工作。需要紧急重启服务器时，应及时通知各部门。重新启动之后要进行复查，确认服务器上的各项服务均恢复正常。

（1）更新服务器上运行程序。

（2）安装必要的软件。

（3）正常的维护需要。

（4）服务器在出现严重故障非重起不能解决时。

（5）服务器在得到 UPS 停电通知时。

（6）服务器出现严重的硬件故障时。

（7）服务器在开机时必须确认 UPS（Uninterruptible Power System，不间断电源）供电是否正常。

（六）文件、磁盘检查

（1）每周末检查服务器的磁盘占用情况，如果发现磁盘的使用容量超过 70%以上时，应及时清除不必要的文件腾出磁盘空间，清除前要做好数据备份，必要时可以申请新的存储器。

（2）每月末对服务器及工作站做一次磁盘碎片整理。

（七）服务器的日志检查

（1）每周末检查服务器的“事务日志”，发现有“严重错误”的，必须立即检查并排除故障。

(2)服务器所有日志在得到“事务已经满”提示的情况下,必须立即备份到 D:\\LOGS 下,事务日志备份完毕应立即清空。

(3)服务器日志至少保留半年,只允许授权用户访问,且不能进行修改。

(八)故障管理

(1)服务器及工作站的故障包括:软件故障,硬件故障,网站故障,黑客入侵与攻击,其他不可预料的未知故障等。

(2)故障记录:建立故障日志,对发现的各种故障现象进行详细记录。记录内容包括:故障发生的时间,故障现象,故障位置,故障分析,故障原因,故障记录人员。

(3)对于维护人员不能尽快处理的故障,应尽快以书面、电话或者其他相关形式通知上级主管领导并发布公告。

(九)保密制度

(1)服务器管理员登录密码仅限管理员及部门主管掌握,密码必须严格保密,每 1 个月进行 1 次修改,并有书面记录。

(2)服务器管理员密码和数据库密码设置不能过于简单,应至少包含字母和数字,其长度必须在 8 位以上。

(3)禁止泄露、外借和转移专业数据信息。

(4)未经批准不得随意更改业务数据。

(5)工作站操作人员必须定岗定责,严格按照使用管理权限操作,使用权限与密码结合,不准一码多人公用,操作人员必须定期更换密码。

(6)服务器需外出维修时必须删除磁盘数据,删除前必须备份数据。

三、数据库系统安全操作

(一)数据库安全操作范围

大数据服务中心数据库系统分为生产数据库系统与开发数据库系统两类。如无特殊说明,本规范适用于生产数据库系统,也可用于开发数据库系统的安全管理;可作为数据库系统安全使用基准,用于大数据服务中心信息系统数据库安全评估与安全检查。

本节主要涉及以下数据库术语:

(1)宿主主机:安装数据库系统的主机。

(2)宿主操作系统:数据库宿主主机上安装的操作系统。

(3)数据库系统:数据库管理系统、数据库及其支撑系统的总称。

(4)数据库服务器:提供数据库服务的主机和在该主机上运行系统的总称。

(5)生产数据库系统:用于实际生产业务的数据库系统。

(6)开发数据库系统:用于开发及测试的数据库系统。

(7)信息安全管理员:负责信息安全监督、审查的人员。

(8)数据库系统管理员:数据库安装、调试、使用及日常运维的人员。

(9)数据库应用管理员:负责管理数据库应用的人员,管理用户对该数据库的访问权限,增加、删除、修改该数据库中数据库对象。

(10)数据库管理员:数据库系统管理员与数据库应用管理员的总称。

(11)数据库用户:使用数据库数据的用户,通常只具有满足应用需求的最低访问权限。

(12)审计事件:需要由信息安全管理员审计的事件,如:数据库系统登录、退出等关键操作。

(二)数据库安全使用概述

数据库系统在上线之前应参照本规范进行数据库安全配置,配置工作由数据库系统管理员完成,信息安全管理员负责监督检查并签字确认。

对数据库系统的任何配置变更,数据库系统管理员都应认真填写详细的配置工作日志,内容包括:配置人员名称、配置时间、数据库系统名称、数据库系统地址、数据库系统类型/版本、配置项、配置值。

信息安全管理员应依据本规范定期检查数据库系统。在下述情况发生时,信息安全管理员应检查数据库系统配置:

(1)数据库系统上线前。

(2)数据库系统发生重大变更。

(3)数据库系统或相关的应用系统遭到入侵。

(4)该类型数据库被发现有重大弱点或隐患。

(5)数据库管理员轮换。

(6)内部/外部审计检查。

(三)数据库环境安全

1.物理环境安全

数据库服务器应置于服务器区域,任何对这些数据库服务器的物理访问均应受到控制。数据库服务器所在的服务器区域网络边界应部署防火墙或其他逻辑隔离设施。

2.宿主操作系统安全

数据库系统的宿主操作系统应仅提供数据库服务,应确保宿主操作系统的安全。

宿主操作系统应设置本地数据库专用账户,并赋予该账户运行数据库服务的最低权限。

对数据库系统安装目录及相应文件的访问权限应进行控制,禁止数据库专用账户外的其他账户修改、删除、创建子目录或文件。

(四)数据库系统安装、启动与更新

1.系统安装

生产数据库系统应与开发数据库系统分离。生产数据库系统应确保没有安装未使用的数据库系统组件或模块。

2.系统启动

应对数据库系统的启动文件、启动过程进行监控,确保业务系统要求的功能正常启动,无关的数据库系统服务未被启动。

3.系统更新

应对数据库系统版本和补丁进行管理和控制。在部署和安装最新版本或补丁程序前,应按照变更流程进行严格测试,并对运行中的数据库系统相关程序、配置信息和数据库进行完整备份。系统更新后,应对数据库系统的功能和性能进行监控,认真填写变更信息。

4.系统完整性

数据库系统管理员应按照数据库系统产品厂商提供或建议的方案定期检查数据库系统

的完整性。

(五)数据库账户安全

1.账户设置

数据库系统管理员应在数据库安装好后,修改数据库预置管理账户的缺省密码,并删除或锁定数据库中不需要的预置账户。不同的数据库不应使用相同的账户与口令。数据库用户账户与数据库管理员账户应分别设置。

数据库系统至少设置下述职责相对分离的几类用户:

(1)数据库系统管理员:能够管理数据库系统中的所有组件及数据库。

(2)数据库应用管理员:能够管理本数据库中的账户、对象及数据。

(3)数据库用户:只能以特定的权限访问特定的数据库对象,不应具有数据库系统管理权限。

针对每个数据库账户按最小权限原则设置其在相应数据库中的权限:

(1)数据库系统管理权限:包括账户管理、服务管理、数据库管理等。

(2)数据库管理权限:包括创建、删除、修改数据库等。

(3)数据库访问权限:包括查询、插入、删除、修改数据库特定表记录等。

2.口令策略

数据库账户口令应设置成无意义的字符组,长度至少 8 位,并且至少包括英文字母和数字两类字符。

所有的口令有效期最长不宜超过 3 个月,系统管理员可以强制用户定期做口令修改,并应在下述几种情况下立即修改数据库管理员口令:

(1)数据库系统或相关的应用系统遭到入侵。

(2)数据库管理员轮换。

(3)数据库管理员口令泄露。

(4)其他修改口令要求。

3.角色权限管理

应合理设置访问对象的权限,给开发人员、数据库管理员和普通用户授予应有的角色和权限,为全部的数据库文件设置恰当的保护级别。

4.审计管理

数据库清洗可以采用用户审计、系统审计、操作审计、对象审计等多种审计管理方式。

(六)数据库访问控制

1.认证方法

使用数据库系统提供的认证机制对数据库用户进行鉴别,严禁使用宿主操作系统提供的认证机制代替数据库用户认证。

2.服务及端口限制

修改数据库系统默认监听端口,并在外围防火墙或其他隔离设施上控制从网络到生产数据库系统或开发数据库系统的直接访问。

3.数据库连接

不允许未授权的数据库系统远程管理访问,对于已经批准的远程管理访问,应按照远程安全管理的相关规范,采取严格安全措施,提高远程管理访问的安全性。应用程序的数据库连接字符串中不能出现数据库账户和口令明文。

（七）数据库对象安全

1.数据文件安全

应使用操作系统和数据库管理系统的双重安全特性对数据文件访问权限进行严格控制，不允许除数据库专用账户外的其他账户访问、修改、删除数据文件。

2.示例数据库

删除不需要的示例数据库，在允许存在的示例数据库中应控制数据库账户的权限。

3.存储过程

删除或禁用不需要的数据库存储过程。对可能造成数据库系统损坏或被删除的各种存储过程严格控制。

4.敏感数据安全

数据库系统中的敏感数据应加密保存。

（八）数据库备份与恢复

1.系统及数据备份

在数据库系统每次成功升级后，数据库系统管理员应备份相应的数据库系统软件。数据库系统管理员应制定数据备份计划，按照计划定期、定量备份数据库系统中的数据，对备份数据应妥善保存，做好备份工作记录，防止备份数据的丢失、泄露与被篡改。

2.系统及数据恢复

数据库系统管理员应制定数据库系统及数据恢复流程，并做实际演练，演练次数根据恢复对象、数据的重要性，结合各企业实际情况确定。

（九）日志及监控审计

1.审计事件

配置数据库系统，记录用户的登录事件。

如数据库系统提供相应的功能，下列事件需要通过配置数据库系统记录在日志中，如数据库系统不提供相应的功能，这些事件应由数据库管理员手工填写日志并存档：

（1）数据库系统管理，包括系统安装、升级以及一些重要配置变更等。

（2）数据库系统账户管理，包括账户增加、删除、权限分配。

（3）数据库管理，包括创建、删除、修改、备份、恢复。

2.日志保存

数据库系统管理员制定日志文件命名规则，并按照日志文件命名规则创建所需的日志文件。

日志文件与数据库数据一样，应定期备份并妥善保存，防止丢失、泄露、被篡改，确保审计信息的完整性与可用性。

3.日志访问

数据库系统管理员与信息安全管理员需制定日志访问安全策略和安全访问规程，并遵照执行。

4.定期审计

数据库管理员应定期审计日志中的事件记录，及时分析、发现、通报安全事件。信息安全管理员应定期审查数据库管理员的操作记录。

第四节　网络安全管理考核及奖惩制度

公司所属各单位应建立健全网络与信息系统安全管理制度，定期组织开展网络与信息系统安全监督检查，形成以查促管、以查促改、以查促防的长效机制，做到问题尽早发现、提前防范、及时补救，确保工作落到实处。公司所属各单位应建立网络与信息系统安全检查考核机制，制定科学、规范的检查体系。网络安全管理考核评分表可参考表6-1~表6-4。

(1)违反公司规定且造成危害的，视情节轻重给予通报批评和行政处分；涉嫌犯罪的移交相关部门处理。

(2)设备使用管理者，凡因工作不负责任、情况处理不当、违反规章制度或操作规程，造成设备损坏和影响系统正常运行的事件，应按情节轻重及产生的后果，对责任人进行相应的处罚。

①情节较轻、未造成经济损失和社会影响的，责令写出书面检查，给予批评教育。

②造成损失和社会影响的，根据情节轻重、影响大小分别给予警告、记过、降级、免职等行政处分，情节特别严重的移送司法机关处理。

③构成犯罪的，移送司法机关追究刑事责任。

(3)凡因工作不负责任、情况处理不当、违反规章制度或操作规程造成设备损坏和影响系统正常运行的事件，应按情节轻重及产生的后果对责任人进行相应的处罚。

①情节较轻、未造成经济损失和社会影响的，责令写出书面检查，给予批评教育。

②造成损失和社会影响的，根据情节轻重、影响大小分别给予警告、记过、记大过、降级、免职、解除劳动合同(取消国企身份)等行政处分和经济处罚。

③构成犯罪的，移送司法机关追究刑事责任。

(4)有下列情形之一的，按情节轻重、影响大小给予警告、记过、记大过，同时给予相应的经济处罚。

①工作失职，未造成严重后果，但情节较重者。

②未经维修工程师允许随意拆卸设备和调试硬件或软件，未造成设备损坏或影响系统正常运行者，或造成非重要数据丢失者。

③擅自在系统设备上安装或运行与系统无关的各种应用软件、文件文档、图片、屏保、游戏和播放音频、视频光盘等，未造成系统或者网络破坏者。

④发现设备故障未及时通知维修工程师，造成不良后果者。

⑤维修工程师接到设备故障后，未在规定时间内到达现场，造成不良后果者。

⑥其他及相关工作失职者。

(5)有下列情形之一的，按情节轻重、影响大小给予降级、免职、解除劳动合同，同时给予相应的经济处罚。

①严格违反操作规程，造成设备损坏，或造成数据言重丢失，或严重影响系统正常运行者。

②未经维修工程师允许随意拆卸设备和调试硬件或者软件，造成设备损坏或造成数据丢失，或严重影响系统正常运行者。

③擅自在系统设备上安装或运行与系统无关的各种应用软件、文件文档、图片、屏保、游戏和播放音频、视频光盘等，造成系统或者网络破坏者。

④其他相关工作失职造成严重后果，影响重大。

云南省交通投资建设集团有限公司运营管理有限公司监控员星级考核标准　　表 6-1

项目	序号	考核内容	奖励及扣分标准	扣分	得分
遵纪守法	1	认真执行各项规章制度，严守工作机密，杜绝徇私舞弊；微机上严禁使用外来软件（优盘、光盘），严禁擅自修改微机系统设置；不做与工作无关事情，按照规定摆放用品，以工作不相关物品不得随意放置于监控台面。严禁在监控室内吃零食、吸烟、打闹、高声喧哗及做与工作无关的事情。严禁当班人员酒后上班	不认真执行各项规章制度者，每次扣 5 分，并按相关规定处理；利用工作设备做与工作无关的事，视情节轻重扣除 2～5 分，酒后上岗一次降为待岗，凡当班人员在监控室做与工作无关的事情，违反者每次扣 1 分。在监控室吃零食、吸烟、打闹、高声喧哗者扣 5 分		
	2	爱护工作设备，夜间严禁故意减压弱灯光，严禁擅自移动、遮蔽大厅内摄像机	违反一次扣 2 分		
	3	严格遵守工作纪律，着装规定；服从日常管理和配合管理人员的管理；接班前清理私人物品，严禁将通信工具带入工作区域，锁入专柜，任何人均不得带通信工作上岗；当班期间，严禁利用监控通信设备闲聊	违反者每项扣 6 分；不服从安排或故意影响工作开展，造成恶劣后果的（经落实情况属实），一次扣 5 分；带通信工具上岗一次扣 5 分，凡违反者，一经发现，每次扣 5 分，并于当月做降星处理；利用通信设备闲聊者，一经查实，每次扣 10 分，并由个人承担电话费，若查不到用外线打私人电话的由当班班组承担		
	4	积极主动配合各级单位（部门）的监督检查、稽查	违反者一次扣 3 分		
	5	严格执行考勤制度，换、顶班需填写换、顶班表，并经部门负责人批准方可换、顶班，不得私自换、顶班；无迟到、睡岗、串岗、脱岗、旷工	私自换、顶班者每次扣当事人 2 分；迟到 1～25min 以内扣 5 分，迟到 20 分钟以上为旷工。早退一次扣 4 分，睡岗、串岗出现一次各扣 8 分，脱岗一次降为一星、再次发现降为合格人员，旷工一次直接于当月降为合格人员，并且不参与本季度星级评定。私自换岗未得到批准，换岗双方当月降一星级。凡请假者，病假必须附带看病发票、处方笺（复印件）和医院证明，每个病假扣 1 分，病假以 5 分封顶、每个事假扣 2 分，事假以 10 分封顶，不参加例会者，每次扣 5 分；离岗必须做记录，当班监控员出公司院外被发现算旷工，当班监控员在公司院内被发现算脱岗		
	6	积极参加集体活动（包括学习、培训、劳动或会议），活动期间着装统一，服从安排	不服从安排扣 5 分，根据培训考核成绩评定考核，考核评定分数以 10 分封顶		
	7	团结干事、维护团结，不做有损集体形象及利益的事情	违反一次扣 2 分		
	8	遵守安全、节电、节水规定，无责任违规事件发生	违反一项一次扣 2 分		
	9	对系统软、硬件设施工作状态进行监控，发现问题及时通知维护人员修理，不得损坏、擅自拆装设备设施	每班次未对系统进行检查扣班组全体人员 3 分，未及时发现设备故障及上报者每次扣 2 分，有人为损坏、擅自拆装者每次扣 10 分		

续上表

项目	序号	考核内容	奖励及扣分标准	扣分	得分
遵纪守法	10	不得利用工作之便徇私舞弊	发生一次即辞退，并追究责任		
	11	严格执行来访登记制度，非工作人员不得进入监控室、机房	凡有违反者，每次扣1分		
	12	正确使用和维护监控设备设施，严格执行网络安全禁令，按规操作，保护其始终处于良好工作状态	违规操作和使用，发生一次扣2~8分；发现问题未及时记录和上报，一次扣3分		
	13	及时准确发布交通、气候及其安全通行情报相关道路信息	除特殊情况外，违反一次扣监控人员2分，扣班长0.5分		
	14	坚持原则，监督、指导各路段监控分中心按规开展工作，如实记录其上报情况	发现一线员工违纪违规不及时提醒（指导）员工改正，一次扣1分，不做记录、不如实上报一次扣2分，下达指令错误或记录不清的（经核实后），一次扣当事人2分		
	15	严守工作秘密，不准泄露监控工作情况	违反一次扣1分		
	16	当班监控员离岗需做好离岗时间、离岗事由、回岗时间记录，由监控管理人员对记录情况进行核对	违反者一次扣1分		
	17	接班人员全部到齐后，交接工作，交接完毕后交班人员方可离开	违反一次扣2分		
	18	凡法定节假日，除排班正常轮休者外，一律不得请补休	违反一次扣2分		
	19	凡孕期和哺乳期，按公司有关部门规定审批。到监控上班者，如不能保证正常在岗，应提前两周以上请假，申办离岗休假手续	违反一次扣4分		
	20	凡遇事假者，需领取假单填写，写明事由及请假时限后，按时限程序审办	违反一次扣1分		
	21	请假者获得批准后，方得休假；时限满后须按时向部门负责人销假或续假，否则按旷工处理	违反一次扣3分		
	22	坚守工作岗位，全时段监控公司高速公路运行情况，监控图像持续、清晰、完整、保存安全	自身职责造成的图像中断、不清晰、不完整，发生一项次扣10分		
	23	坚持做好交接班工作，要求接班人员提前10min进入监控室。严格按规定办理好交接班手续，交班人员未按规定做好交接前的各项工作，接班人员有权拒绝接班，产生的后果由交班人员承担	违反一次扣1分		

续上表

项目	序号	考核内容	奖励及扣分标准	扣分	得分
遵纪守法	24	除病、危、急、重病或家确有紧急事由，一时无法按正常程序办理，可在规定时限内先向部门负责人口头申报，先按事假或病假处理，但事后须及时将有关证明交验，可按实情处理，其余情形请按正常程序提前办理手续	违反一次扣1分		
优质高效	25	严格遵守各项规章制度，熟练掌握监控室内的各项业务工作	因违反规定或业务工作不熟悉，导致的工作差错，发生一次扣2分，造成不良后果的扣10分，造成严重后果的直接予以劝退		
	26	接打电话简短迅速，简单明了。与工作无关的事情不得占用内、外线电话。对监控室应急短信发布电脑，未经许可不得私自使用及私装外来软件	违反者一次扣6分。私自使用应急电脑及私装外来软件者，一经发现立即降为合格人员		
	27	迎检准备工作，文档、录像由专人负责管理、调取	准备工作不到位一次扣10分		
	28	对公司辖区内高速公路进行监控，做好当班期间紧急电话接听，按规办理电话接听，电话记录及其事件的上传下达，发现特殊情况、重大事件及时准确收集信息，记录并上报。调整监控设备，随时保持监控最佳状态。利用监控设备检查公司所辖公路运行状态，发现隐患及时上报。根据特殊事件情况及时通过短信平台发布相关信息。正确使用和维护监控设备设施，严格执行网络安全禁令，按规操作，保持其始终处于良好工作状态	违反者，每次扣5分，记录表述不清扣4分，记录不全扣2分，记录情况未落实到位扣3分。上报不及时扣4分，并按相关规定处理。发布信息表述不清扣4分、记录不全扣2分、信息内容落实不清扣3分、发布信息不及时扣4分		
	29	对监控室发生的系统设备故障，及时上报，详细记录；并对维修情况进行跟踪记录	违反者一次扣1分		
	30	了解计算机系统工作状况、上一班工作情况及待处事宜	违反者一次扣1分		
	31	按要求及时审核、上报监控报表，并对所有记录表进行审核；审核记录表要求准确无误，严禁出现因不审核或审核不认真导致记录内容不清或其他不良后果。每班次中班人员对路线进行视频巡查，并认真填写巡查记录	违反者，每次扣1分；因上述原因造成未及时发现路况运行特殊状况的，一次扣当班人员10分		
	32	积极开展图像巡查工作，为公司路网运行提供信息支持	不开展图像巡查扣当班人员2分，提供不出信息支持扣班长2分		
	33	对路段监控分中心出现的特殊问题、发出的请示，应根据特殊问题的处理规定立即做出答复。一时无法下达肯定或否定指令的，要迅速落实清楚，进行反馈	处理情况不到位者扣5分		

续上表

项目	序号	考核内容	奖励及扣分标准	扣分	得分
优质高效	34	对发现有问题的路段、收费站、隧道灯进行重点关注,关注期间要做好相关记录及录像备份工作,并上报部门负责人	违反者每次扣2分		
	35	正确填写当班各项记录,做到内容清晰、完整,及时归档;保管安全,交接班手续完备,内业资料按规定收集整理、记录内容详细或无混填、涂改现象等	不按规填写记录,缺少一项次扣5分,记录错填、涂改、缺少一项次扣3分,不及时归档、交接手续不完备扣班长2分		
	36	做好与路政、交警等相关部门的沟通、协调工作	违反一次扣1分		
	37	做好信息的上传下达工作,并进行跟踪反馈	违反一次扣1分		
	38	检查本班监控工作情况,整理当班工作记录	违反一次扣0.5分		
	39	向接班人员介绍工作情况、待处事宜、工作重点及系统软硬件工作状况	违反一次扣2分		
	40	发现故障时,首先进行分析、判断,并做出一般性故障排查	违反一次扣1分		
	41	对出现影响到日常监控工作的系统故障,当天内不能排除的,需及时向部门负责人汇报	违反一次扣1分		
	42	对当月故障情况进行统计、汇总	违反一次扣1分		
文明服务	43	监控室、会商室由每天夜班人员进行清扫,卫生不留死角,整理工作台。每月例会进行一次大扫除,进行全面清扫,保持设备表面、桌面、地面、门窗洁净	违反一次扣2分		
	44	当班期间操作台上办公用品、用具必须摆放整齐,严禁在操作台上摆放水杯、手机等杂物、衣物、皮包等物品不得随意摆放。除吃饭时间,严禁当班期间将各类食物摆放及食用	违反一次班组成员扣4分,当班组长扣45分		
	45	保持监控室内温、湿度和防尘	违反一次扣0.5分		
	46	监控室及机房内禁止存放易燃品、易爆品和强磁物体制。禁止在机房内使用湿拖把,禁止往静电地板上洒水	违反一次扣0.5分		
	47	未经批准,外来人员不得进入监控室。经批准进入大厅的外来人员,监控员应按要求填写《出入人员登记表》,配合进入人员查询及完成工作	违反一次扣1分		

续上表

项目	序号	考核内容	奖励及扣分标准	扣分	得分
文明服务	48	分工明确,各司其职、相互配合,团结协作,正确指令	违反规定每次扣0.5分		
	49	按规定时间、内容对各路段视频进行巡查,并做好与其他监控中心沟通、协调工作	违反规定者每次扣0.5分		
	50	迎检时,应开门或起立、主动给领导递上拖鞋,请领导套上鞋套进入监控室,目视对方,面带微笑,握手或点头。站立在一侧,向领导介绍监控室情况,介绍本人情况,介绍监控室工作、班组特色、服务质量等。送客使用语言:"再见"或"再会""感谢领导的关心!"等。表达出对客人、领导的尊敬和感激之情,道别时,招手或点头目送	违反规定每次扣0.5分		
	51	检查各监控分中心的信息上报情况,做好记录,发出整改指令	违反一次扣1分		
	52	保证工作区域卫生良好,监控室的设施、设备及办公用品干净整洁,摆放合理整齐,严禁将碗筷等杂物放在操作台上,夜班人员打扫卫生,必须清扫监控室,拖地、抹桌子、整理工作台	违反规定每次扣1分		
	53	宿舍干净整洁无异味,窗明几净,衣物、物品摆放整齐有序,床被整齐	违反规定每项扣1分		
安全管理	54	认真执行《运营管理中心安全规程》	不认真执行各项规章制度者,违反安全规定一次扣2分,发生责任事故或人身伤亡事故视情况扣分并按有关规定处理		
	55	进入监控室后,将门关好,不发生突发安全事件,不得使用监控室消防通道	违反一次扣1分		
	56	当班期间发现异常情况及时妥善处理、记录和报告	违反一次扣1分		
	57	认真组织消防学习,做好消防应急预案的演练,并收集整理相关演练资料	违反一次扣1分		

续上表

项目	序号	考核内容	奖励及扣分标准	扣分	得分
思想建设	58	积极参加政治学习和党、政、工、团组织的活动,并收集整理相关演练资料	缺席一次扣5分,工作区域发生吵架一次者扣当事人10分。发生第二次者予以辞退		
	59	无因违反纪律被投诉、上级批评、新闻媒介曝光、杜绝投诉情况	违反一次扣5分		
	60	积极参加业务技能训练,完成训练任务,并按要求完成业务知识学习	不参加一次扣5分。业务技能培训不合格者需单独进行培训,并按相应得分扣除星级分数,上限为10分。补训仍未合格者,当月降为合格人员,并进行复训		
奖励	61	对系统软、硬件进行技术革新,并在实际工作中发挥重要作用,得到上级领导表扬和认可的	一次给予奖励3分		
	62	工作责任心强,提出合理化意见被采纳,对工作开展起到积极的带头作用和促进作用	一次给予奖励3分		
	63	参加各种竞赛为单位争得荣誉,好人好事被上级领导表扬者	一次给予奖励3分		
	64	维护公司利益,有突出贡献得到公司或新闻单位公开表扬者,经部门负责人提议	一次给予奖励3分		
	65	积极参与配合运管中心、所、站文明建设的宣传工作,其材料在公司刊物或其他刊物上刊登发表者	一次给予奖励3分		
	66	熟练掌握监控系统,通过视频监控系统发现路网运行过程中的重大突发情况,并及时取证,及时汇报者	一次给予奖励3分		
	67	发现监控室内使用的系统软件、流程存在隐患,并提出合理方案者	一次给予奖励3分		
合计					

审核:　　　　　　　　　　　　　　　　　　　　考核人员:

公众出行服务信息发布公众考核评分标准　表 6-2

序号	考核内容	考核目标	分值	评分标准	考评得分	备注
1	组织机构	建立健全公众出行服务信息发布组织机构,责任明确,推行公众出行信息发布工作有计划、有步骤	15	建立健全公众出行服务信息发布组织机构,责任明确(5分) 建立健全公众出行服务信息发布制度、流程、标准(5分) 定期制定公众出行信息发布工作计划,计划制定有针对性、实用性,计划执行有力(5分)		
2	信息审核	按照遵纪守法、统一管理、实事求是、规范准确、实用高效的原则,对需发布的公众出行信息进行审核,确保发布的信息精准全面、可靠有效	20	建立健全信息发布审核机制(5分) 公众出行服务信息内容符合上级政府(部门)、公司相关规定(5分) 公众出行服务信息渠道和方式规范。不足一处扣1分,扣完为止(5分) 公众出行服务信息内容完整准确。不足一处扣1分,扣完为止(5分)		
3	信息发布	以为公众出行服务为导向,采取灵活多样的形式,通过12328服务电话、云南高速通及相关合作媒体发布各类公众出行服务信息,提升公众出行服务水平和质量	20	公众出行服务信息发布及时高效,不足一处扣1分,扣完为止(5分) 公众出行服务信息发布内容编辑格式规范、美观;电话服务用语规范、文明、简洁,表达清晰。不足一处扣1分,扣完为止(5分) 发布的公众出行服务信息内容客观、公正,不对社会公众造成误导(5分) 公众出行服务信息更新及时,更新频次及时合理,不足一处扣1分,扣完为止(5分)		
4	信息发布数量和质量	根据相关要求在云南高速通上发布公众出行服务信息,其数量、质量、阅读量应按约定完成	15	公众出行服务信息发布数量未达到要求(5分) 公众出行服务信息发布形式多样,社会公众浏览查阅次数频繁。平均阅读数要在1500次以上(5分) 发布的公众出行服务信息内容无错字、无病句、无表述不清晰,不足一处扣1分,扣完为止(5分)		
5	信息发布载体的实用性	为确保更好地为社会公众出行提供服务,要不断加强云南高速通作实用性,得到社会公众的认可	10	次月云南高速通用户数与上月云南高速通用户数对比(例如:2月与1月对比,3月与2月对比),云南高速通用户持续增长,云南高速通次月用户数要大于上月用户数(10分)		

突发事件信息分级分类表 表 6-3

<table>
<tr><td rowspan="2">分级分类</td><td colspan="2">一级信息</td><td rowspan="2">二级信息</td></tr>
<tr><td>Ⅰ级(特别重大)</td><td>Ⅱ级(重大)</td></tr>
<tr><td>A
自然灾害</td><td>(1)因自然灾害或基础设施损坏或道路交通事故造成公司公路双向交通中断,48h 内无法恢复通行的事件;
(2)因山体崩塌、滑坡、泥石流、地面塌陷、地裂缝等灾害造成公司直接经济损失 1000 万元及以上的地质灾害事件;
(3)因各种气象原因,造成公司公路双向连续封闭 24h 以上的事件;
(4)受地质灾害威胁,需转移人数在 1000 人及以上,或潜在可能造成的经济损失在 1 亿元及以上的灾害险情</td><td>(1)因自然灾害或基础设施损坏或道路交通事故造成公司公路双向交通中断,24h 内无法恢复通行的事件;
(2)因山体崩塌、滑坡、泥石流、地面塌陷、地裂缝等灾害造成直接经济损失 500 万元及以上、1000 万元以下的地质灾害;
(3)因各种气象原因,造成公司公路双向连续封闭 12h 以上的事件;
(4)受地质灾害威胁,需转移人数在 500 人及以上、1000 人以下,或潜在经济损失 5000 万元及以上、1 亿元以下的灾害险情;
(5)受 4.0 级(含本数)以上地震影响的;
(6)公司公路因自然灾害、交通基础设施损坏导致交通中断或严重通行缓慢已达或预计将达 6h 以上的事件;
(7)出入云南的公司高速公路在省(区)交界处交通中断已达或预计将达 4h 以上的事件</td><td>(1)因自然灾害或基础设施损坏或道路交通事故造成公司公路双向交通中断,4h 内无法恢复通行的事件;
(2)因山体崩塌、滑坡、泥石流、地面塌陷、地裂缝等灾害造成公司直接经济损失 100 万元及以上、500 万元以下的地质灾害;
(3)因各种气象原因,造成公司公路双向连续封闭 4h 以上的事件;
(4)受地质灾害威胁,需转移人数在 100 人及以上、500 人以下,或潜在经济损失 1000 万元及以上、5000 万元以下的灾害险情</td></tr>
<tr><td>B
事故灾难</td><td>(5)因山体崩塌、滑坡、泥石流、地面塌陷、地裂缝等灾害造成 30 人及以上死亡(含失踪)的地质灾害;
(6)造成 30 人及以上死亡(含失踪),或危及 30 人及以上生命安全,或 1 亿元及以上直接经济损失,或 100 人及以上重伤,或需要紧急转移安置 10 万人及以上的安全或道路交通事故;
(7)群体性活动中,因拥挤、踩踏等造成 30 人及以上死亡事故</td><td>(8)因山体崩塌、滑坡、泥石流、地面塌陷、地裂缝等灾害造成 10~29 人死亡(含失踪)的地质灾害;
(9)造成 10~29 人死亡(含失踪),或危及 10~29 人以下生命安全,或直接经济损失 5000 万元及以上、1 亿元以下的事故,或 50 人及以上、100 人以下中重伤,或需要紧急转移安置 5 万人及以上、10 万人以下的安全或道路交通事故;
(10)群体性活动中,因拥挤、踩踏等造成 10~29 人死亡的事故;
(11)公司在生产营运或项目建设中发生意外事故导致人员死亡、失联、被困的事件;
(12)自然灾害造成公司收费站、服务区、项目驻地等场所人员死亡、失联、被困的事件</td><td>(5)因山体崩塌、滑坡、泥石流、地面塌陷、地裂缝等灾害造成 3~9 人死亡(含失踪)的事件;
(6)造成 3~9 人死亡(含失踪),或危及 3~9 人生命安全,或直接经济损失 1000 万元及以上、5000 万元以下,或 10 人及以上、50 人以下重伤,或需要紧急转移安置 1 万人及以上、5 万人以下的安全或道路交通事故;
(7)群体性活动中,因拥挤、踩踏等造成 3~9 人死亡的事故;
(8)公司所属的加油站、物资仓库等发生火灾、爆炸等事件</td></tr>
</table>

续上表

<table>
<tr><td rowspan="2">分级
分类</td><td colspan="2">一 级 信 息</td><td rowspan="2">二 级 信 息</td></tr>
<tr><td>Ⅰ级(特别重大)</td><td>Ⅱ级(重大)</td></tr>
<tr><td>C
社会
安全</td><td>(8)人为阻断公司所辖公路超过8h停运,或阻扰、妨碍公司承担的重点建设工程施工,造成24h以上停工事件;
(9)公司所属的站所、服务区、建设区域、项目驻地、重要设施等遭受恐怖袭击或极端暴力袭击的事件;
(10)公司管辖范围内发生参与人数5000人及以上,严重影响社会稳定的事件</td><td>(13)人为阻断公司所辖公路超过4h停运,或阻扰、妨碍公司承担的重点建设工程施工,造成12h以上停工事件;
(14)其他一些无法量化但对公司可能造成重大影响的事件;
(15)公司范围内发生参与人数在1000人及以上、5000人以下,影响较大的非法集会游行示威、上访请愿、聚众闹事、罢工(市、课)等,或人数不多但涉及面广和有可能进京的非法集会和集体上访事件;
(16)公司从业人员集体罢工,影响社会出行,在24h内不能平息的事件;
(17)30名及以上公司从业人员集体到省级及以上国家机关上访的事件</td><td>(9)人为阻断公司所辖公路超过2h停运,或阻扰、妨碍公司承担的重点建设工程施工,造成6h以上的停工事件;
(10)其他一些无法量化但对公司可能造成较大影响的事件;
(11)公司范围内发生参与人数在200人及以上、1000人以下,影响较大的非法集会游行示威、上访请愿、聚众闹事、罢工(市、课)等,或人数不多但涉及面广和有可能进京的非法集会和集体上访事件;
(12)其他任何对省级以上行政区域造成或可能造成重大社会、经济影响或发生在敏感区域、敏感时段的交通运输突发事件</td></tr>
<tr><td>D
公共
卫生</td><td>(11)在公司管辖业务范围内,出现一次100人及以上食物中毒的事件,或者出现30例及以上死亡病例的事件</td><td>(18)在公司管辖业务范围内,出现一次50人及以上食物中毒,或者出现10例及以上死亡病例的事件;
(19)发生在公司范围内的危化品泄露事件</td><td>(13)在公司管辖业务范围内,出现一次20人及以上食物中毒,或者出现3例及以上死亡病例的事件;
(14)在公司管辖范围内发现世界卫生组织公布的疫情或发生《中华人民共和国传染病法》规定的甲类传染病事件</td></tr>
<tr><td>E
征费
突发</td><td></td><td></td><td>(15)收费站出现拥堵,预计拥堵时间超过1h的事件;
(16)收费站机电系统因网络瘫痪、病毒侵袭、电力故障等,导致严重影响收费站正常收费工作的事件</td></tr>
</table>

应急物资储备库标准配置表　　表6-4

序号	类　别	名　称	规格型号	数量	单位	备注
1	机械类	挖掘机	$1m^3$ 以上	1~2	台	不计费
2		装载机	$2m^3$	1~2	台	不计费
3		自卸汽车	6~8t	3~5	台	不计费

续上表

序号	类　别	名　称	规格型号	数量	单位	备注
4	设备类	发电机		2	台	
5		抽水机	3 寸水泵	3	台	
6		交流电焊机	三相(380V/400A)	2	套	
7		备用电线	$6m^2$ 三芯线	5	卷	
8		消防手电		20	只	
9		手持扩音器	20W	10	个	
10		移动照明灯		1	台	
11		办公桌椅		2	套	
12	交通安全设施类	前方并道提示	120×60	4	块	2km 处
13		前方并道(1600m)	120×60	4	块	
14		限速 80	ϕ80	4	块	
15		前方并道(1000m)	120×60	4	块	
16		限速 60	ϕ80	4	块	
17		解除限速 60	ϕ80	4	块	
18		向左(向右)改道	120×60	8	块	
19		向左(向右)导向交通标志牌	120×40	8	块	
20		前方并道(500m)	120×60	4	块	
21		道路变窄	90×90	4	块	
22		禁止驶入	ϕ80	6	块	
23		限速 40	ϕ80	4	块	
24		解除限速 40	ϕ80	4	块	
25		LED 电子导向标志	120×80	6	块	
26		禁止超车	120×60	4	块	
27		双向通行标志	120×60	2	块	
28		拦路牌	180×100	4	块	
29		双向行驶	100×100	4	块	
30		全反光橡胶锥形桶(带印字)	$H=70$	250	只	
31		四方位太阳能爆闪灯	600~320	10	台	带安装支架
32		梅花灯		50	只	
33		水码	1500×900×548	100	只	
34		防撞桶	900×900	25	只	
35		安全帽		100	顶	
36		对讲机		10	对	
37		反光背心		200	件	

续上表

序号	类　别	名　称	规格型号	数量	单位	备注
38	工具类	安全带		20	根	
39		安全绳		20	根	
40		雨衣		30	件	
41		水鞋		30	双	
42		手套		100	双	
43		口罩		100	个	
44		急救箱		2	个	
45		锄头		100	把	
46		铁铲		100	把	
47		十字镐		50	把	
48		大锤	16 磅	50	把	
49		铁锹	1.5m	50	根	
50		麻袋		500	只	
51		沙袋		500	只	
52		铁丝	8 号	250	kg	
53		撮箕		100	个	
54		三角彩条旗		50	包	
55		扫把		100	把	
56		彩条布		50	包	
57	物资类	灭火器	MFZL4/5kg	30	只	
58		碎石		300	m^3	不计费
59		砂子		200	m^3	不计费
60		毛石		300	m^3	不计费
61		水泥	P.O.32.5	20	t	不计费
62		融雪剂		15	t	
63		工业盐		15	t